Annette Wolter

Nymphensittiche
richtig pflegen und verstehen

Experten-Rat
für die artgerechte Haltung

Farbfotos: Karin Skogstad
und andere bekannte Tierfotografen
Zeichnungen: György Jankovics

GU
GRÄFE
UND
UNZER

Inhalt

Vorwort

Neugierig blickend, das Häubchen unternehmungslustig hochgestellt, so signalisiert ein zahmer Nymphensittich, daß er bereit ist, mit »seinem« Menschenpartner zu spielen. Dann heißt es, sich Zeit nehmen, denn ein einzeln gehaltener Vogel braucht viel Ansprache und Zuwendung. Wer wenig Zeit hat, schafft sich besser zwei Nymphensittiche an. Wichtig in jedem Fall ist, daß man weiß, worauf es bei der artgerechten Haltung und Pflege dieser beliebten Vögel ankommt.

Das erfahren Sie in diesem GU Tier-Ratgeber von Nymphensittich-Expertin Annette Wolter. Sie erklärt leicht verständlich, was beim Vogelkauf zu beachten ist, wie Käfig und Ausstattung aussehen sollen, wie man einen Nymphensittich richtig ernährt und was zu tun ist, wenn er einmal krank wird. Darüberhinaus gibt es praktische Ratschläge, wie Ihr Nymphensittich zutraulich wird und ein erfolgversprechendes Lernprogramm fürs Sprechen- und Pfeifenlernen. Die präzisen, leicht nachvollziehbaren Anleitungen machen es auch Kindern leicht, ihren Nymphensittich richtig zu pflegen und zu verstehen.

Bezaubernde Farbfotos bekannter Vogelfotografen und informative Zeichnungen vermitteln ein lebendiges Bild dieser hübschen Sittiche, die mit ihrem liebenswerten und anhänglichen Wesen immer wieder von neuem Leben ins Haus bringen.

Viel Freude mit Ihrem Nymphensittich wünschen Ihnen die Autorin und die GU Naturbuch-Redaktion.

Nymphensittiche brauchen Gesellschaft. Bleibt ein einzeln gehaltener Vogel zu oft sich selbst überlassen, kann er zum Schreier werden, zum Federrupfer, ja sogar aus unerfüllter Sehnsucht nach einem Artgenossen sterben. Wer wenig Zeit hat, sollte sich besser zwei Nymphensittiche anschaffen.

Bitte beachten Sie die »Wichtigen Hinweise« auf Seite 63!

Erst überlegen, dann anschaffen

Auch ein Nymphensittich entwickelt – wie alle Lebewesen – seine ganz persönliche Note. Im täglichen Umgang mit ihm werden Sie aber schnell seine Vorlieben, Abneigungen und Verhaltensweisen kennenlernen.

Das Wesen des Nymphensittichs

Nymphensittiche sind eher bedächtige als temperamentvolle Vögel. Ihre etwas grelle Stimme empfinden manche Menschen als störend, aber ein zufriedener Vogel gebraucht sie nur selten als Alarm- oder Warnsignal, sondern nutzt sie eher zum Pfeifen, zum Imitieren von Geräuschen oder um einige Wörter zu plappern, die er oft gehört hat. Junge Nymphensittiche werden sehr zahm und zutraulich, entwickeln sich zu liebenswerten Kameraden, die ihre anfängliche, oft schreckhafte Ängstlichkeit rasch überwinden und zärtlich an den ihnen vertrauten Menschen hängen. Ein Nymphensittich beschäftigt sich gerne, spielt aber nicht so quirlig wie beispielsweise ein Wellensittich. Dem Nymphensittich genügt es, wenn er Gegenstände beschnäbeln, an Ästen nagen oder leichtes Material gelassen in Partikel zerlegen kann.

Natürlich nimmt sein Käfig mehr Platz in Anspruch als der des kleineren Wellensittichs. Zum Fliegen braucht der Nymphensittich auch einen weitaus größeren Raum als die viel wendigeren kleinen Sittiche. Und er verursacht etwas mehr Staub als andere Heimvögel, denn seine Puderdaunen wachsen ständig, und ihre Spitzen zerfallen zu feinstem Staub, der das Gefieder imprägniert.

Damit Sie sicher sein können, daß sich ein Nymphensittich bei Ihnen wohl fühlt und daß auch Sie sich durch seine Gegenwart nicht eingeschränkt fühlen, hier einige Punkte, die Sie überlegen sollten:

Zehn Entscheidungshilfen

1. Ein Nymphensittich wird bei artgerechter Haltung etwa 15 Jahre alt. Sind Sie bereit, so lange für ihn zu sorgen?
2. Haben Sie einen guten Platz, an dem ein geräumiger Käfig (→ Seite 11) ständig stehen kann?
3. Können Sie dem Vogel seine täglichen Freiflüge ermöglichen?
4. Haben Sie genügend Zeit, sich um den Vogel zu kümmern?
5. Wer wird mit dem Nymphensittich spielen, sprechen, ihm etwas vorpfeifen?
6. Was geschieht mit ihm, wenn Sie in den Ferien verreisen?
7. Leben noch andere Heimtiere bei Ihnen, die sich vielleicht nicht mit dem Vogel vertragen? Einem Hund kann man begreiflich machen, daß der Vogel zur Familie gehört, einer Katze nicht.
8. Wollen Sie den Vogel Ihrem Kind schenken? Dann liegt die Verantwortung für sein Wohlergehen dennoch bei Ihnen, denn das Interesse eines Kindes an seinem Vogel kann schnell erlahmen.
9. Sind Sie sicher, daß niemand in der Familie allergisch (→ Wichtige Hinweise, Seite 63) auf Vogelfedern und Gefiederstaub reagiert?
10. Denken Sie daran, daß die Ernährung und die hygienischen Bedürfnisse des Vogels regelmäßig Geld kosten?

Selbst zwischen zwei miteinander vertrauten Nymphensittichen kommt es manchmal zu einer Auseinandersetzung. Der rechte Vogel signalisiert: »Jetzt bin ich dran!«

Männchen oder Weibchen?

Wer sich einen Nymphensittich wünscht, braucht nicht auf das Geschlecht des Vogels zu achten. Junge Männchen und Weibchen gewöhnen sich gleichermaßen an das Leben mit einem Menschen, in einer Familie, werden zahm,

Gleichzeitiges Wegstrecken von Bein und Flügel dient der Entspannung, kommt einem Räkeln gleich.

versuchen zu pfeifen oder zu reden und entwickeln beharrlich ihre besonderen Eigenarten. Wünschen Sie sich aber Vogelnachwuchs, sollten Sie den Rat eines erfahrenen Züchters oder Zoofachhändlers einholen, damit Sie auch ganz sicher das passende geschlechtliche »Gegenstück« zu Ihrem Nymphensittich erwerben.

Die Geschlechtsunterscheidung bei jungen Nymphensittichen kann nur ein erfahrener Züchter oder Zoofachhändler mit einiger Sicherheit vornehmen, denn vor der Jugendmauser ist der

orangerote Wangenfleck des Männchens noch ebenso matt wie der des Weibchens, und die für das Weibchen typischen Federzeichnungen der Unterschwanzdecke sind noch nicht vorhanden. Ich kenne einige Nymphensittiche mit den Namen Wastel, Chico oder Fritzl, die nach Jahren ihre Besitzer durch ein Ei im Käfig von dem Irrtum überzeugten, ein Männchen zu besitzen.

Die Geschlechtsunterscheidung bei erwachsenen Nymphensittichen ist dagegen nach der Jugendmauser im Alter von ungefähr neun Monaten leicht möglich. Männchen und Weibchen lassen sich am Gefieder unterscheiden. Die Kontrastfarben der Weibchen sind matter. Wangenfleck und Maske – so nennt man die sich vom Grundgefieder abhebende anders gefärbte Gesichtspartie – scheinen beim Weibchen bräunlich überpudert zu sein. Außerdem hat das Weibchen eine gelb-schwarz quergebänderte Unterschwanzdecke, und die Säume der äußeren Schwanzfedern sind leicht gelblich-weiß, während die des Männchens grau sind.

Einzelvogel oder Pärchen?

Die meisten Menschen möchten nur einen Nymphensittich, weil sie glauben, daß ein Einzelvogel besonders zutraulich wird, pfeifen oder gar sprechen lernt. Doch sie bedenken selten, daß ein einzeln gehaltener Nymphensittich nur dann glücklich werden kann, wenn der Mensch bereit ist, ihm die fehlenden Artgenossen durch seine häufige Anwesenheit und durch viel Zuwendung zu ersetzen.

Für mich ist die ideale Lösung immer ein Pärchen. Kaufen Sie aber zunächst nur einen Vogel. Haben Sie das Vertrauen eines jungen Nymphensittichs gewonnen, können Sie ihm getrost einen Artgenossen zugesellen. Nummer eins wird sicherlich seine Freude am Pfeifen, Reden und vielerlei Schabernack beibehalten, denn das alles ist ihm inzwischen wichtig. Nummer zwei wird sich anfangs nur für den Artgenossen interessieren und mehr Scheu vor als Neigung für den Menschen aufbringen. Doch lernt er rasch durch sein Vorbild, den Artgenossen, wie »brauchbar« ein Mensch sein kann.

Übrigens ist es nicht wesentlich, daß das Nymphensittich-Pärchen wirklich aus zwei verschiedengeschlechtlichen Vögeln besteht – ausgenommen, Sie möchten Vogelnachwuchs. Werden nämlich zwei gleichgeschlechtliche Nymphensittiche zusammen gehalten, schlüpft einer der beiden in die Rolle des fehlenden Geschlechts. Diese Scheinehe würde nur gestört, wenn ein dritter Nymphensittich dazukäme. Doch das Halten von drei Vögeln wirkt sich immer nachteilig für einen der drei aus und sollte vermieden werden.

Die Gefiederfarben

Die australischen Stammeltern der bei uns gezüchteten Nymphensittiche haben zartgraues Gefieder, das manchmal etwas graublau oder bräunlichgrau variiert. Die Oberschwanzdecke ist silber-, die Unterschwanzdecke schwarzgrau. Weiße Federn an den äußeren Armschwingen bilden auffallende Flügelbinden. Kehle, Wangen und Stirn sind kräftig zitronengelb. Auf der gelben Maske sitzt in der Ohrgegend, unterhalb der schwarzen Augen, der leuchtend orangerote Wangenfleck. Aus dem gelben Stirngefieder wachsen die Federn der Haube. Die vorderen kürzeren Haubenfedern sind gelb, die hinteren langen wie die Federn des Oberkopfes grau, aber von zarten gelben Federästchen durchzogen. Die Haube der Nymphensittiche ist

wesentlich schlanker als die der Kakadus. Von der braungrauen Wachshaut über dem kräftigen grauen Schnabel zieht sich zu den Augen hin ein feiner Streifen aus grauen Federn, der die Maske in die kräftig gelbe Stirn und die zarter gefärbte, weiß auslaufende untere Gesichtshälfte teilt.

Durch die Zucht entstandene Farbschläge des Nymphensittichs sind: Albinos, Lutinos, Schecken, Geperlte, Zimter beziehungsweise Zimt-Isabell oder Weißkopf-Nymphensittiche. Ich zähle Ihnen hier nur die bekanntesten Farbschläge auf, denn es gibt mittlerweile die verschiedensten Kombinationen aus den jeweiligen Farbvarianten. Sie alle im einzelnen zu nennen, würde den Rahmen dieses Ratgebers sprengen.

Albinos haben weißes Gefieder, die gelbe Maske und der orangerote Wangenfleck blieben erhalten. Die Farbe der Füße wechselt von dunkelgrau zu hellgrau, die Federn der Unterschwanzdecke sind beim Männchen hell-, beim Weibchen kräftig gelb. Beide Geschlechter haben rote Augen, aber es gibt auch viele – im züchterischen

Dem Metallspiegel kann der kräftige Schnabel eines Nymphensittichs nichts anhaben!

Dieser Nymphensittich hat jegliche Scheu vor der Hand seines Pflegers überwunden. Sichtlich zufrieden läßt er sich kraulen.

7

Männchen oder Weibchen? Diese Frage spielt bei der Einzelhaltung keine Rolle. Beide werden zutraulich und können sprechen lernen. Sprechbegabte Nymphensittiche sagen vieles nach, was sie häufig hören.

Sinne keine reinen Albinos – mit schwarzen Augen.

Lutinos haben weißes Gefieder, das gleichmäßig von zarten gelben Tönen überlagert ist. Ihre Augenfarbe ist normalerweise rot, kann aber auch schwarz sein.

Die Schecken haben unregelmäßige weiße Flecken auf dem Gefieder. Daneben kommen noch Schecken in verschiedenen Farbkombinationen vor, ja sogar fast schwarze Nymphensittiche. Letztere haben am ganzen Körper dunkelgraue Federn, die einen eindrucksvollen Kontrast zu Gesicht und Wangenfleck bilden.

Die Geperlten haben auf dem Rücken und den Flügeldecken Federn, die weiß und dunkelgrau gesäumt sind.

Zimter oder Zimt-Isabell werden Nymphensittiche genannt, deren Gefieder zimtbraun ist. Bei silber- oder falbfarbenen ist das hellere braungraue Gefieder leicht silbrig überpudert, und Vögel dieser Spielart haben rote Augen.

Weißkopf nennt man schließlich die Nymphensittiche, deren Gefieder dem der Stammeltern gleicht, doch fehlen

Aufmerksam beobachtet dieser Weißkopf-Nymphensittich, was passiert.

die gelbe Maske und der rötliche Wangenfleck völlig.

Mein Tip: Mögen all diese Züchtungen noch so reizvoll sein, erfahrungsgemäß sind sie anfälliger für Erkrankungen als wildfarbene Nymphensittiche.

Der richtige Platz für den Käfig

Soll sich Ihr Nymphensittich bei Ihnen wohl und geborgen fühlen, braucht sein nicht gerade kleiner Käfig (→ Der zweckmäßige Käfig, Seite 11) einen festen Platz.

Der beste Platz ist das Wohnzimmer, denn dort sieht der Nymphensittich die Familie, in der er nun leben wird, am häufigsten und kann alle Angehörigen zunächst aus sicherem Abstand kennenlernen. Der Käfig gehört in eine helle Ecke nahe am Fenster. Doch darf diese Ecke nicht zu klein sein, damit sich die Familienmitglieder nicht zu dicht am Käfig vorbeidrücken müssen, was den noch scheuen Vogel ängstigen würde. Vielleicht haben Sie einen halbhohen Schrank, auf dem der Käfig stehen kann? Noch besser, weil am wenigsten möglichen Erschütterungen ausgesetzt, wäre ein stabiles Brett für den Käfig, das sicher an der Wand befestigt ist, in einer Höhe, daß der Vogel den Menschen ins Gesicht schauen kann. Auf dieser Ebene hat er am wenigsten Scheu vor ihnen. Der Raum oberhalb des Käfigs muß frei sein, denn ein Vogel fürchtet sich, wenn über seinem Kopf hantiert wird.

Auf dem Käfig sollte noch ein stabiles Klettergestell aus einer starken Astgabel als Sitz- und Landeplatz montiert werden.

Ganz wichtig: Der Standort des Käfigs muß zugfrei sein. Selbst geringe Zugluft macht Nymphensittiche krank. Mit einer Kerzenflamme können Sie prüfen, ob es zieht. Denn die flackert schon, wenn wir dies noch gar nicht bemerken.

So verschieden kann das Gefieder bei Nymphensittichen aussehen.

Ungeeignete Standorte für den Käfig
- Direkt am Fenster: Im Winter strahlt das Fenster zuviel Kälte ab, und im Sommer wird es dort zu heiß.
- Die Küche: Dort ist alles gefährlich – schädliche Dämpfe, heiße Herdplatten, Töpfe mit flüssigem oder heißem Inhalt, Waschmittel, Putzmittel und andere für den Vogel giftige Stoffe.
- Das Kinderzimmer: Dort ist es zu langweilig, weil die Kinder in der Schule oder beim Spielen sind, Aufgaben machen oder schlafen müssen.

Zum Bild:
Geperlt oder gesäumt, das ist die Frage beim ersten Vogel von links, die selbst Züchter unterschiedlich beantworten. Eindeutig dagegen der Albino in der Mitte und der Gescheckte rechts.

9

Tips für den Vogelkauf

Wo es Nymphensittiche gibt

Im Zoofachhandel: Dort können Sie meist unter mehreren Nymphensittichen der verschiedenen Farbschläge wählen.

Nymphensittichzüchter: Züchter verkaufen Ihre Vögel gern an Privatkunden, weil sie wissen möchten, ob ihre liebevoll gepflegten Tiere auch einen guten Platz bekommen. Adressen von Züchtern erfahren Sie über Vogelzuchtvereine (Telefonbuch) oder über die Tierheime. Gegebenenfalls müssen Sie Ihren Nymphensittich dort abholen. Keinesfalls sollten Sie sich den Vogel per Versand zuschicken lassen!

Hinweis: Lassen Sie sich beim Kauf Ihres Nymphensittichs eine Kaufbescheinigung ausstellen. Aus diesem Vertrag sollte hervorgehen: Datum des Kaufs, Vogelart, Fußringnummer, Kaufpreis, Anschrift des Verkäufers und Käufers. Die dem Zentralverband Zoologischer Fachbetriebe (ZZF) angeschlossenen Zoofachgeschäfte halten hierfür einen »Heimtier-Paß« bereit.

Worauf es beim Kauf ankommt

Das Alter des Vogels ist wichtig: Ein junger, etwa 10 bis 12 Wochen alter Nymphensittich gewöhnt sich am besten an den Menschen und wird bei fürsorglicher Pflege rasch zahm. Bedenken Sie aber, daß junge Nymphensittiche noch matte Gefiederfarben haben; Männchen entwickeln erst mit etwa 9 Monaten ihre Farbenpracht.

Daran erkennen Sie einen jungen Nymphensittich:
- Der Wangenfleck ist schon vorhanden, jedoch noch nicht leuchtend orangerot.
- Die Außenränder der Schwanzfedern sind fein weißlich-gelb gesäumt.
- Der Schwanz ist etwas kürzer als der erwachsener Nymphensittiche. Die Wachshaut ist rosa.
- Die Bewegungen von Jungvögeln sind noch auffallend tollpatschig.

So sieht ein gesunder Nymphensittich aus:
- Alle Federn sind bereits ausgebildet, liegen glatt an und glänzen.
- Die Federn um die Kloake – so nennt man den After eines Vogels – sind nicht verklebt oder von Kot verschmiert.
- Augen und Nasenlöcher sondern keine Flüssigkeit ab und sind nicht verkrustet.
- Die beiden mittleren Zehen eines

Die Sitzstangen im Käfig und am Vogelbaum müssen so dick sein, daß der Nymphensittich sie mit den Zehen nicht umgreifen kann; die Krallen sollten sich nicht berühren.

Einkaufszettel

Käfig wie auf Seite 11 beschrieben
Körnermischung für Großsittiche, von der Sorte, die der Vogel bisher gewöhnt war.
Hirsekolben
Schnabelwetzstein
Tierkohle gegen Durchfall
1 bis 2 Zusatznäpfe
Vogelsand
Messingglöckchen an kurzer, fester Kette
Schaukel mit Holzstange
Metallspiegel für Einzelvögel
sonstiges Spielzeug (→ Seite 28) möglichst aus Holz.

*Um das Rückengefieder
zu pflegen, dreht der
Nymphensittich sein
Köpfchen um 180° nach
hinten.*

Fußes zeigen nach vorne, die beiden
äußeren nach hinten; keine darf fehlen.
• Der Vogel bewegt sich normal, hat
Kontakt zu seinen Artgenossen und
putzt sein Gefieder.
So sieht ein kranker Nymphensittich
aus: Er sitzt teilnahmslos abseits mit
aufgeplustertem Gefieder und halbge-
schlossenen Augen, den Schnabel in
den Rückenfedern vergraben. Doch
nicht jeder Nymphensittich, der so in
seinem Käfig hockt, ist krank, denn das
ist auch die Schlafhaltung gesunder
Vögel. Und Nymphensittiche schlafen
tagsüber häufig für kurze Zeit.
Hinweis: Nymphensittiche gehören
nicht zu den Papageien- und Sitticharten, die im Washingtoner Arten-
schutzübereinkommen aufgeführt sind.
Das bedeutet, man benötigt beim
Vogelkauf außer der Kaufbescheinigung keine besonderen Papiere.

Der zweckmäßige Käfig

Kein Käfig darf ständiger Aufenthaltsort
sein, denn ein Nymphensittich muß
unbedingt fliegen dürfen, sonst wird er
dick und krank. Aber trotz bester Vor-
sätze des Pflegers, seinem Nymphensittich viele »Freiflugstunden« im Zimmer
zu gewähren, muß ein Heimvogel doch
viele Stunden im Käfig verbringen (Lüften, Hausputz, Familienfeiern). Deshalb
muß sein Käfig unbedingt so groß sein,
daß er in ihm beide Flügel seitlich und
nach oben wegstrecken kann, ohne
anzustoßen, und daß er mit dem
Schwanz nicht bei jeder Bewegung mit
den Sitzästen in Berührung kommt.
Denken Sie daran, daß große Käfige im
Zoofachhandel oft nicht vorrätig sind
und erst bestellt werden müssen. Das
kann einige Tage dauern!
Mein Tip: Kaufen Sie den Käfig so früh-
zeitig, daß er bei der Ankunft Ihres

Der richtige Nymphensittich-Käfig

Material:	Metallkäfig mit Türchen sowie Bodenschale und Sandschuber aus bruchfestem Kunststoff
Größe:	Idealmaße 101 x 70 x 132 cm (für 1 bis 2 Vögel); Mindestmaße 58 x 34 x 74 cm (für 1 Vogel)
Gitterstäbe:	Mindestens an den Längswänden waagerecht, damit der Vogel klettern kann
Abstand der Gitterstäbe:	1 ½ bis 2 ½ cm
Sitzstangen:	3 bis 4 rund gedrechselte Holz-Sitzstangen (Ø 20 mm), besser Naturholzäste unterschiedlicher Stärke (Ø 14 bis 26 mm)
Futternäpfe:	Mindestens 2 für Körner und Frischkost zum Einhängen, 1 Trinkwasserspender oder 1 Trinknapf ohne Überdachung

Dieser Käfig (Modell Wagner & Keller) kann zwei Nymphensittiche beherbergen.

Nymphensittichs fix und fertig einge-
richtet für den Vogel bereit steht (→ Den
Käfig sinnvoll einrichten, Seite 13).

Der Fußring

Jeder Nymphensittich trägt den gesetz-
lich vorgeschriebenen Fußring, in dem
eine registrierte Nummer eingestanzt
ist. Dieser Ring garantiert, daß der
Vogel aus einer amtsärztlich kontrollier-
ten Zucht stammt. Leider ist es verbo-
ten, den Ring vom Fuß des Vogels zu
entfernen. Sie sollten den »Ringfuß«

daher oft prüfen, denn durch den Ring
ist schon manches Mißgeschick ent-
standen. Bleibt der Vogel beispielsweise
mit ihm irgendwo hängen, wird er
daran zerren und sich womöglich dabei
verletzen. Sollte der Fuß danach an-
schwellen, würde der Ring die Durch-
blutung behindern. In einem solchen
Fall den Ring vom Zoofachhändler oder
Tierarzt entfernen lassen und sorgfältig
aufbewahren, denn er ist ein wichtiges
Dokument, mit dem Sie die Herkunft
des Vogels nachweisen können.

Behutsames Eingewöhnen

Das neue Zuhause
Bringen Sie Ihren Nymphensittich in seiner Transportschachtel auf kürzestem Weg nach Hause, natürlich gut geschützt vor Kälte, Feuchtigkeit und Hitze. Dort ist hoffentlich schon der hergerichtete Käfig am endgültigen Standplatz für den Vogel bereit. Wenn nicht, muß er noch ein Weilchen in seinem kleinen Gefängnis ausharren, denn wenn er seinen Käfig bezogen hat, sollte am ersten Tag niemand mehr mit der Hand hineingreifen, sollten in den ersten Tagen keine Veränderungen mehr darin vorgenommen werden.

Den Käfig sinnvoll einrichten
• Eventuelle Kunststoffsitzstangen entfernen, am besten auch gedrechselte Holzstangen und durch Naturäste (→ Seite 22) in benötigter Größe ersetzen. Die Äste zwischen die Gitterstäbe klemmen oder mit Bast befestigen.
• Höchstens einen Ast mehr anbringen, als zuvor Sitzstangen im Käfig waren.
• Drei Äste waagerecht verlaufen lassen, die anderen schräg. In der Natur finden Vögel auch nicht ausschließlich waagerechte Äste vor.
• Die Äste nicht über den Futternäpfen anbringen, damit keine Exkremente auf die Körner und ins Wasser gelangen.
• Etwa 1 cm hoch Vogelsand in den Sandschuber streuen.
• Ein Näpfchen mit Körnermischung füllen, eins mit Wasser, eins mit gewaschener, grob geraspelter Möhre und geschältem Apfel.
• Einen Hirsekolben neben einem Ast

am Käfiggitter mit einem Spezialhalter (→ Zeichnung, Seite 40) aus dem Zoofachhandel oder einer Wäschklammer befestigen.
• Den Schnabelwetzstein mit dem in der Packung enthaltenen Draht am Käfiggitter befestigen; am besten neben einem Ast.
• Das Glöckchen über einem der oberen Äste aufhängen.
<u>Mein Tip:</u> Für Bastvorrat sorgen, denn der Bast wird angeknabbert und muß von Zeit zu Zeit erneuert werden.

Einzug in den Käfig
Bedenken Sie, Ihr Nymphensittich hat noch einen Schock. Das Gefangenwerden, die Prozedur mit dem Fußring, die

Es kann einige Wochen dauern, bis der Nymphensittich völlig die Scheu vor Ihnen verloren hat. Verlieren Sie unterdessen nicht die Geduld. Zu guter Letzt wird Ihnen Ihr Nymphensittich sein ganzes Zutrauen entgegenbringen.

Soll der Nymphensittich auf Ihren Finger steigen, drücken Sie sanft den waagerecht gehaltenen Finger gegen den Bauch des Vogels.

13

Trennung von den Artgenossen und der Transport waren für ihn katastrophale Erlebnisse. Versuchen Sie auf keinen Fall, ihn zu greifen! Sie würden dabei schmerzhaft seinen starken Schnabel zu spüren bekommen, und der Vogel behielte Sie als gefährlichen Feind im Gedächtnis. Halten Sie die geöffnete Transportschachtel so vor die offene Käfigtür, daß dem Vogel nur der Weg in den Käfig möglich ist. Er wird bestimmt aus der dunklen Enge ins Helle streben und von selbst in seinen Käfig klettern.

Wichtig: Danach die Käfigtür sofort schließen und sich zurückziehen.

Die ersten Stunden daheim
Lassen Sie den Vogel zunächst ganz alleine, damit er in aller Ruhe den Käfig und die Umgebung inspizieren und sich daran gewöhnen kann.

Erst nach einigen Stunden oder am nächsten Tag setzen Sie sich etwas vom Käfig entfernt, aber so, daß Ihr Sittich Sie sehen kann. Sprechen Sie mit ihm und nennen Sie oft seinen Namen, den Sie bestimmt schon ausgewählt haben. Schon nach wenigen Tagen merkt der Vogel, daß der Name etwas mit ihm zu tun hat, und er wird darauf bald mit einem Ton, mit dem Schütteln des Gefieders oder durch Anheben der Flügel reagieren. Als erstes Zeichen, daß der Vogel seinen Schock überwunden hat, wird er nicht mehr wie gebannt an einer Stelle sitzen, sondern auf dem Ast hin- und herrutschen und seine Behausung etwas genauer ansehen.

Mein Tip: Bleibt der Vogel aber stundenlang an einer Stelle sitzen, nähern Sie sich ihm behutsam, sprechen Sie dabei beruhigend mit ihm und reichen ihm mit einem langen Zweig einige Sonnenblumenkerne. Den Zweig dafür an einem Ende einschneiden und die Kerne lose dazwischen klemmen. Oft

In einer flachen Schale kann der Nymphensittich in feuchten Blättern wie in der freien Natur ein Taubad nehmen. Viele Sittiche lieben ein Taubad über alles.

sind solche erste kleine Gaben der Beginn einer langen Freundschaft zwischen Vogel und Pfleger.

Nachtruhe ist wichtig
Noch nicht an die neue Umgebung gewöhnte Nymphensittiche sind sehr schreckhaft. Vor allem nachts können sie durch unbekannte Geräusche in Panik geraten und sich durch heftiges Flattern im Käfig verletzen. Lassen die deshalb in den ersten Nächten eine kleine Lampe brennen. Kann sich der Vogel orientieren, wird er bei einem Erschrecken nicht gleich panisch reagieren.

Mein Tip: Decken Sie den Käfig über Nacht nicht mit einem Tuch zu. In dieser Abgeschlossenheit bekäme der Vogel schon bei geringfügigen Anlässen Angst und könnte toben.

Schlafenszeit für den Nymphensittich: Ist Ihr Sittich einmal gut eingewöhnt, bestimmt er selbst, wann für ihn die Nachtruhe beginnt. Anfangs bringen Sie ihn durch gedämpftes Licht und leise Musik oder Gespräche in Schlafstimmung. Der Fernseher wird auch kaum stören, wenn die Stimmen daraus nicht zu laut sind und der Vogel den Bildschirm nicht direkt im Blickfeld hat.

Der feste Schlafplatz: Später, wenn Ihr Nymphensittich sich an das Leben bei Ihnen gewöhnt hat, werden Sie bemerken, daß er vor dem Einschlafen stets einen bestimmten Platz aufsucht. Vielleicht gibt es auch zwei bis drei derart bevorzugte Schlafplätze. Ehe Sie dann das Licht löschen, sollten Sie sich stets vergewissern, daß er auf einem solchen Schlafplatz sitzt, sonst findet er ihn im Dunkeln nicht und beginnt womöglich zu toben.

Die ersten Tage daheim

Der Morgen nach der ersten Nacht, die Ihr Nymphensittich bei Ihnen verbrachte, wird für Sie und den Vogel noch einmal etwas aufregend, denn nun müssen Sie vielleicht mit der Hand in den Käfig greifen, um die Futternäpfe neu zu füllen. Sprechen Sie dabei wieder beruhigend mit dem Vogel, vermeiden Sie hastige, schreckhafte Bewegungen. Haben Sie keine Angst vor dem starken Schnabel, noch hat der Vogel zuviel Angst, um sich mit ihm zu wehren. Er wird bestimmt in die äußerste Ecke des Käfigs rutschen, um möglichst großen Abstand zur Hand zu gewinnen. Ist die morgendliche Versorgung beendet, sollten Sie in den ersten Tagen nicht unnötig in den Käfig greifen, bis der Vogel begriffen hat: Hand bringt Nahrung!

So fördern Sie das Vertrauen Ihres Nymphensittichs

• Sprechen Sie immer leise mit dem Vogel, wenn Sie im Käfig oder in dessen Umgebung hantieren müssen. Nennen Sie oft seinen Namen, pfeifen Sie ihm stets dieselben kurzen Melodien vor oder sagen Sie ganz kurze Sätze.
• Erschrecken Sie nicht, wenn der Vogel nach Ihnen hackt; zum richtigen Zubeißen fehlt ihm noch der Mut.
• Ein ängstlicher Nymphensittich faucht. Wenn Sie das vernehmen, brechen Sie eine Tätigkeit lieber ab und versuchen sie später noch einmal.
• Nehmen Sie zu wiederholende Handlungen möglichst jeden Tag zur gleichen Zeit vor.

Das findet der Vogel bedrohlich

Solange der Vogel noch recht scheu ist, sollten Sie in seinem Käfig und in seiner näheren Umgebung keine Veränderungen vornehmen. Also beispielsweise die Näpfchen nicht an ungewohnter Stelle plazieren, in der Nähe des Vogels keinen fremden Gegenstand abstellen. Auch Ihre Erscheinung sollte sich nicht drastisch verändern.

So gewöhnen Sie Ihren Vogel an Neues

Natürlich möchten Sie Ihren Sittich so vielseitig wie möglich ernähren. Doch kann es passieren, daß er tagelang ein Stück ihm unbekanntes Obst oder Gemüse nicht berührt, weil er Scheu

Die meisten Nymphensittiche genießen ein lauwarmes Duschbad aus der Blumenspritze. Dabei heben sie die Flügel, drehen und wenden sich, um überall besprüht zu werden.

davor hat. Da hilft nur eins: Immer wieder anbieten und in Gegenwart des Vogels selbst davon essen, das macht ihn vielleicht neugierig.
Auch an Ihre Hand muß er sich langsam gewöhnen. Zuerst erscheint sie dem Vogel gefährlich. Erlebt er sie täglich als Nahrungsspender, akzeptiert er sie. Versuchen Sie, ihm als Abschluß des täglichen Versorgens ein paar Körner auf dem Handrücken anzubieten.

Tägliche Gefiederpflege muß sein. *Der Schwanz wird genauso sorgfältig gepflegt*

Handzahm machen

Sobald Ihr Nymphensittich sich traut, einige Körner von Ihrer Hand zu nehmen, ist der richtige Zeitpunkt gekommen, ihm mehr zuzumuten.

Der erste Schritt: Kraulen Sie ihm zart mit dem Finger das Bauchgefieder. Weicht der Vogel aus, folgen Sie ihm vorsichtig mit der Hand.

Der zweite Schritt: Reichen Sie dem Sittich täglich nach dem Kraulen einen farblosen hölzernen Gardinenring. Fällt der Ring nach dem Beschnäbeln auf den Käfigboden, nehmen Sie ihn heraus, damit er seine Attraktion für den Vogel behält.

Der dritte Schritt: Drücken Sie eines Tages nach dem Kraulen behutsam, aber doch bestimmt mit dem waagerecht gehaltenen Finger gegen den Bauch des Vogels, ziemlich weit unten. Vielleicht steigt der Vogel auf Ihren Finger. Dann bekommt er auf Ihrem Finger sitzend den Holzring. Nach ein paar Tagen können Sie Ihren Sittich dann auf dem Finger sitzend aus dem Käfig nehmen und ihm den ersten Freiflug gönnen – aber davon später.

Mein Tip: Bieten Sie dem Vogel immer einen Finger oder den Handrücken als Sitzplatz an. Vor der Handfläche scheuen viele Vögel zurück.

Unbedingt vermeiden: Versuchen Sie nicht, den Vogel zu greifen oder gar aus dem Flug zu fangen! Es gibt nichts Schlimmeres für Vögel, als gegriffen zu werden. Das würde das bereits erworbene Vertrauen zur Hand erschüttern.

Ans Baden gewöhnen

Bieten Sie Ihrem Vogel ungefähr jeden dritten Tag eine Bademöglichkeit an. Manche Nymphensittiche baden als Heimvögel gern, obgleich sie in der

...wie die Flügel   *...und keine Feder wird ausgelassen.*

freien Natur nicht baden, sondern ihr Gefieder höchstens vom Regen befeuchten lassen. In der trockenen Luft geheizter Räume sind jedoch einige sofort zu einem Bad bereit.

<u>Ein Vollbad</u> nehmen manche Sittiche spontan, wenn sie die Möglichkeit dazu haben. Füllen Sie eine flache, aber große Schale mit lauwarmem Wasser und stellen Sie sie vor den Käfig. Wenn Nymphensittiche schon baden, möchten sie auch die ausgebreiteten Flügel ins Wasser tauchen können und das Köpfchen befeuchten.

<u>Ein Taubad</u> ist dann sinnvoll, wenn Ihr Nymphensittich dem Vollbad gegenüber zurückhaltend bleibt. Legen Sie eine flache, große Schale locker mit tropfnassen Blättern wie Löwenzahn, Vogelmiere, Spinat oder jungem Laub aus. Ihr Vogel wird sich im feuchten Grün tummeln, weil Nymphensittiche das Taubad auch in ihrer Heimat gewöhnt sind, wenn sie morgens im taunassen Gras nach Nahrung suchen.

<u>Mein Tip:</u> Keinen Kopfsalat für das Taubad verwenden, da er häufig mit Chemikalien gespritzt ist. Diese Mittel lösen sich im Wasser und können dem Vogel schaden.

<u>Ein Sprühbad</u> gefällt manchen Sittichen besonders gut. Besprühen Sie den Sittich mit einer Blumenspritze (→ Zeichnung, Seite 15). Mag er den lauwarmen Regen, wird er sich alle Körperpartien berieseln lassen. Wenn er jedoch ängstlich ausweicht, beharren Sie für dieses Mal nicht auf einem Bad, bieten Sie ihm aber immer wieder eine der drei Möglichkeiten an.

<u>Wichtig:</u> Die Sprühflasche darf zuvor niemals mit einem Pflanzenschutzmittel im Einsatz gewesen sein.

17

Das Leben mit dem Nymphensittich

Das Leben mit Ihrem Nymphensittich beginnt eigentlich erst richtig an dem Tag, an dem er seinen Käfig verlassen und im Zimmer fliegen darf. Aber gerade dieses Ereignis sollten Sie gut vorbereiten, denn der Flug von Nymphensittichen ist pfeilschnell, und an die Raumbegrenzungen muß sich ein Heimvogel erst allmählich gewöhnen. Doch lernt er im allgemeinen rasch, den Raum richtig einzuschätzen, und wird dann seine begrenzte Freiheit sehr genießen. Vor allem kann er nun auch seine Neugierde befriedigen und viele Dinge aus der Nähe betrachten, die ihn schon vom Käfig aus reizten. Alle glänzenden Gegenstände, worin er sich ein wenig spiegelt, haben große Anziehungskraft auf ihn. Kleine Gegenstände wird er bald im Schnabel spazierentragen, und überhaupt wird er viel auf

Dieser Nymphensittich fühlt sich auf der Hand so wohl, daß er selbstvergessen seine Zehen pflegt.

dem Boden und auf Tischen marschieren. Sein Aufenthalt außerhalb des Käfigs hinterläßt aber leider auch Spuren. Deshalb braucht Ihr Sittich schon bald im Zimmer einen Platz, wo er länger verweilen darf und mag.
Wichtig: Lassen Sie Ihren Nymphensittich zunächst nur unter Ihrer Aufsicht frei. Erst wenn Sie die Neigungen und Gewohnheiten Ihres Vogels gut kennen und das Zimmer wirklich vogelsicher ist, darf er auch für ein paar Stunden alleingelassen werden.

Gefahrloses Fliegen
Bevor die Käfigtür geöffnet wird, müssen alle Fenster geschlossen werden, auch gekippte Fenster schützen nicht vor dem Wegfliegen! Die Zimmertür muß ebenfalls zu sein, denn zunächst soll Ihr Sittich den einen Raum kennenlernen, ehe er auch in andere Zimmer mitgenommen wird.
Sehr gefährlich für den Vogel sind Fenster ohne Stores oder Gardinen. Er wird die Scheiben nicht als Raumbegrenzung erkennen und kann mit solcher Geschwindigkeit dagegenprallen, daß er sich das Genick bricht oder sich schwer verletzt. Gibt es keine Stores oder Gardinen, lassen Sie am besten Rollos oder Jalousetten bis auf etwa 20 cm herunter und schalten das Licht ein. Die unbedeckte Fensterfläche wird dann täglich um ein kleines Stück vergrößert, bis der Vogel die Fensterscheiben als Raumbegrenzung begriffen hat. Das dauert meist nur einige Tage, und diese Methode funktioniert dann auch in anderen Räumen.

Der erste Flug

Steht die Käfigtür zum erstenmal offen, kann es sein, daß Ihr Vogel zunächst fasziniert die gitterlose Öffnung betrachtet, ohne gleich den Weg nach draußen zu nehmen. Die Situation ist ja ganz neu für ihn. Wahrscheinlich ist er in seinem Leben noch nie geflogen. Im Nistkasten war es eng, und im Gemeinschaftskäfig konnte er höchstens flatternd die Flügel bewegen.

Lassen Sie ihm jetzt Zeit: Irgendwann wird die Neugierde des Sittichs ihn dazu bringen, seine Umgebung näher zu erkunden. Vielleicht klettert er zunächst auf den Käfig, oder er steigt auf Ihren Finger und läßt sich so aus dem Käfig heben. Setzen Sie ihn dann auf dem Käfig ab. Er wird fliegen und die ihm angeborene Fähigkeit trainieren.

Landemanöver: Auch das Landen konnte Ihr Sittich in seinem Leben noch nicht üben, er muß es jetzt erst lernen. Von Natur aus wählt er dafür entweder den Boden oder einen möglichst hoch gelegenen Platz. Gelingt ihm die Landung auf seinem Käfig, ist das ein Glücksfall. Überlassen Sie es dann ihm, ob er in den Käfig zurückklettern oder noch einmal abfliegen möchte. Möglicherweise landet er aber auf einer Lampe, der Vorhangstange oder einem Schrank und macht so bald keine Anstalten, zum Käfig zurückzufliegen.

So locken Sie den Vogel in den Käfig: Landet er auf dem Fußboden, streuen Sie ihm ein paar Futterkörner hin. Nymphensittiche lieben es, am Boden ihre Nahrung zu suchen, und in diesem Fall versteht er, daß Sie ihm wohlwollen. Wenn Sie nach einer Weile den Käfig neben ihn stellen, wird er sicherlich gern hineinklettern. Schwierig für den Vogel ist die Rückkehr in den Käfig von einer hohen Warte aus, denn dort fühlt er sich sicher. Jetzt sollten Sie nicht die Geduld verlieren. Reden Sie freundlich mit dem Vogel, versuchen Sie ihn mit einem Hirsekolben zu locken, oder halten Sie ihm nach ungefähr dreißig Minuten den offenen Käfig hin. Vielleicht steigt er erleichtert hinein. Wenn nicht, lassen Sie Ihren Sittich auf seiner hohen Warte sitzen. Irgendwann bekommt er Hunger und kehrt zum Käfig zurück, auch wenn das erst am nächsten Morgen ist.

Mit geschmeidiger Körperbeherrschung erreicht der Nymphensittich bei der Gefiederpflege fast alle Körperpartien.

Unbedingt vermeiden: Jagen Sie den Vogel auf keinen Fall, womöglich mit Tüchern oder dem Besen! Das würde bereits erworbenes Vertrauen zunichte machen.

Nymphensittiche haben »Lieblingsplätze«

Je sicherer Ihr Nymphensittich seine Flugrunden im Zimmer dreht, desto lieber wird er sich außerhalb des Käfigs aufhalten und seine Lieblingsplätze aufsuchen. Und dort werden Sie dann bald bemerken, daß er nicht untätig ist, sondern zunächst zaghaft, aber mit zunehmendem Eifer an Holz, Tapete oder Vorhängen nagt. Obgleich Nymphensittiche viel weniger nagen als andere Papageien, ganz ohne diese Schnabelarbeit können sie doch nicht

19

Durch die Haltung eines Nymphensittich-Pärchens erleben Sie nicht nur das reizvolle Verhalten zweier Vögel miteinander. Sie können auch leichten Gewissens einmal für Stunden oder gar Tage von zu Hause fort sein.

leben. Als ich zum erstenmal mit Nymphensittichen zu tun hatte, war meine Wohnung nicht besonders gut für Vögel geeignet. Aber die Besitzer dieses Nymphenpärchens mußten plötzlich für längere Zeit ins Ausland und waren froh, einen Platz für die Vögel gefunden zu haben. Charlie und Laura waren sehr zutraulich und unzertrennlich. Beide genossen sichtlich ihre Flüge durch zwei große, ineinandergehende Zimmer ohne Tür. Bald hatten sie auch ihre Stammplätze zum Ausruhen gefunden, aber ihren Beschäftigungsdrang reagierten sie an den Vorhängen ab. Die waren, zum Glück an einer nicht sehr auffälligen Stelle, schon nach kurzem von vielen Löchern durchsetzt. So kaufte ich den größten Advents-kranz aus Stroh, den ich finden konnte, ließ ihn über einer genügend großen Freifläche befestigen und legte den Boden darunter mit starker durchsichtiger Folie aus. Schlagartig verlegten Charlie und Laura ihr Tätigkeitsfeld auf den Kranz. An ihm haben die beiden über ein halbes Jahr begeistert geknabbert, dann wurden sie wieder abgeholt. So eine kleine Lebensinsel für den Vogel innerhalb des Wohnraums schränkt nachteilige Folgen für das Mobiliar sehr ein und trägt zur Entspannung aller Bewohner bei. Ein Vogelbaum als derartige »Insel« hat natürlich viel länger Bestand als ein Strohkranz, kommt dem Nagebedürfnis und der Lust am Klettern eines Sittichs noch mehr entgegen und bietet auch Platz für zwei Vögel.

Vogelbaum mit Innenansicht des Bottichs. Solch eine »Insel« innerhalb des Wohnraums wird mit Sicherheit schnell der Lieblingsplatz Ihres Nymphensittichs.

Der Vogelbaum

Seit kurzem gibt es im Zoofachhandel Freisitze für Nymphensittiche, deren Sitzstangen aus Naturästen bestehen. Ein ideales Angebot für alle, die nicht gerne basteln. Freisitze mit gedrechselten Sitzstangen lassen sich jedoch gut als Basis für den Vogelbaum verwenden. Freisitze auf Rollen haben sogar den großen Vorteil, daß sie sich beim Saubermachen leicht verschieben lassen. Es spielt keine Rolle, ob Sie den Vogelbaum aus einem Papageien-Freisitz bauen oder dafür einen Kunststoffbottich, wie er für Hydrokulturen verwendet wird, benutzen – nur beim Auswählen der Äste müssen Sie aufpassen.

Ungiftige Zweige verwenden

Ideal sind alle Obstbaumäste, aber nur, wenn sie garantiert nicht gegen Schädlinge gespritzt wurden. Sind Sie da nicht ganz sicher, nehmen Sie lieber Äste und Zweige anderer Bäume wie Eiche, Erle, Holunder, Kastanie, Linde, Pappel oder Weide. Doch auch hier umsichtig vorgehen. Nicht am Rand von Straßen

Gefahren für den Nymphensittich

Gefahren	Vermeiden der Gefahr
Badezimmer: Wegfliegen bei gekipptem Fenster, Ertrinken im offenen WC.	Badezimmertür geschlossen halten. Vogel darf nur mit Ihnen ins Bad.
Offene Türen: Werden als Sitzplatz genützt, Einklemmen der Füße beim Schließen der Türe.	Sich stets zuvor vergewissern, wo der Vogel sitzt!
Fußboden: Vogel spielt am Boden, er kann durch Tritt getötet werden.	Äußerste Vorsicht angewöhnen
Gefäße mit Wasser: Vogel rutscht in Eimer, Schale, großes Glas oder Vase und ertrinkt (Seifenschaum wird als Landefläche angesehen).	Gefäße zudecken, Vogel bei Hausputz nicht frei fliegen lassen.
Schränke, offene Schubladen: Der Vogel wird unbemerkt eingeschlossen und erstickt oder verhungert.	Niemals geöffnet lassen, auch keinen spaltbreit.
Gifte: Tödliche Vergiftungen möglich durch Alkohol, Bleistiftspitzen, Filzstift- und Kugelschreiberminen, starke Gewürze, Grünspan, Klebemittel, Lacke. Leime, Lösungsmittel, Pflanzendünger, Plastikfolie, Putzmittel, Quecksilber, stark riechende Sprays, Waschmittel, starken Zigarettenrauch.	Alle genannten Stoffe oder Gegenstände für den Vogel unerreichbar aufbewahren. Spuren restlos entfernen. Bitte auch nachlesen, ob keine giftigen Pflanzen im Vogelzimmer stehen (→ Seite 27).
Herdplatten: Tödliche Verbrennungen beim Landen auf noch heißer Herdplatte.	Auf unbenützte heiße Herdplatte Kessel mit kaltem Wasser stellen. Vogel nie unbeaufsichtigt in der Küche fliegen lassen.
Kerzenflamme: Tödliche Verbrennungen beim Durchfliegen der Flamme.	Auf Kerzenlicht bei frei fliegendem Vogel verzichten.
Papierkorb, Ziergefäße: Hineinrutschen, Verhungern oder Herzschlag aus Angst, da Vogel nicht allein heraus kann.	Korbware verwenden, glatte Innenwände mit Drahtgeflecht auskleiden. Ziergefäße mit Sand füllen.
Pralle Sonne, überhitztes Auto: Herzschlag durch Hitzestau.	Schattenplatz ermöglichen; Auto lüften.
Öfen, elektrische Geräte: Tod durch Verbrennen.	Für Vogel unerreichbar installieren.
Temperaturunterschiede: Jähe Schwankungen führen zu Erkältung oder Hitzschlag.	Allmähliches Gewöhnen an Temperaturen zwischen 5 und 30 °C.

Gegenseitige Gefiederpflege ist noch viel schöner.

Draht senkrecht drei bis vier ungefähr 2 m lange und 3 cm dicke Äste oder Bambusstäbe befestigen.
• Den Zwischenraum zwischen den beiden Blumentöpfen mit kleineren Steinen und Erde füllen und als obere Schicht Vogelsand streuen.
• Die Längsäste mit unterschiedlichen Naturzweigen von 25 bis 40 cm Durchmesser in mehreren »Etagen« verbinden. Die Zweige mit Bast an den Längsästen befestigen. Nicht alle Zweige müssen waagerecht verlaufen, der Vogel soll ja im Baum klettern.
• An verschiedenen Querästen ein Glöckchen, einen Holzring, eine Bastquaste in Augenhöhe des Sittichs anbringen. Am besten dicht bei einer Astgabel, dort sitzt der Nymphensittich nämlich besonders gern.
• Zweige und Bastverbindungen ebenso wie im Käfig alle drei bis vier Wochen erneuern.
Mein Tip: Lassen Sie die Sitzäste des Vogelbaums nicht über den Bottichrand hinausragen. Dann fallen die Exkremente nämlich in den Sand und nicht auf den Boden.

sammeln, dort ist jegliches Geäst von Auspuffgasen verpestet. Die giftigen Stoffe haften fest am Holz. Selbst Zweige aus Parks und Wäldern sorgfältig heiß abbrausen und trocknen lassen, ehe der Vogel mit ihnen in Berührung kommt, denn auch dorthin gelangen Schadstoffe, fällt saurer Regen.
Mein Tip: Naturäste bietet neuerdings auch der Zoofachhandel an; eine ideale Lösung für Großstädter.

So entsteht der Vogelbaum
• Auf den Boden eines großen Blumentopfs oder Bottichs einige schwere Steine legen, um genügend Standfestigkeit zu erreichen.
• In die Mitte einen etwas kleineren Blumentopf mit einer ungiftigen Rankpflanze stellen (→ Pflanzen im Vogelzimmer, Seite 27).
• Um den kleineren Blumentopf mit

Wohin mit dem Vogelbaum?
Natürlich braucht der Vogelbaum einen festen Platz im Zimmer. Am besten steht er weit vom Käfig entfernt, denn dann muß der Vogel jedesmal zum Käfig fliegen, wenn er essen oder trinken will, und das tut ihm gut. Solange er noch jung und temperamentvoll ist, braucht er kaum zum Fliegen animiert zu werden. Doch neigen ältere Nymphensittiche mehr zum gemächlichen Gehen als zum Fliegen, und das sollte mit Rücksicht auf ihre Gesundheit nicht unterstützt werden. Ein guter Platz für den Vogelbaum ist die Nähe eines Fensters, weil der Vogel dort genügend Tageslicht hat und vorbeifliegende Vögel beobachten kann.

Wichtig ist, daß der Ersatzpartner Mensch dem Vogel viel Zuwendung spendet; also oft in seiner Nähe ist, ihm etwas vorpfeift oder zu ihm spricht, mit ihm spielt oder für Gegenstände zur Beschäftigung sorgt.

Zum Kratzen am Köpfchen führt der Vogel den Fuß unter dem Flügel hindurch.

Das vogelsichere Zimmer

Alle nur erdenklichen Gefahren zu beseitigen, die einem Heimvogel im gemeinsam bewohnten Zimmer drohen können, gelingt einem besorgten Vogelhalter wohl nie restlos. Man

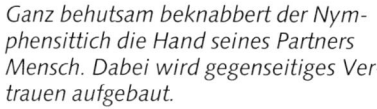

Ganz behutsam beknabbert der Nymphensittich die Hand seines Partners Mensch. Dabei wird gegenseitiges Vertrauen aufgebaut.

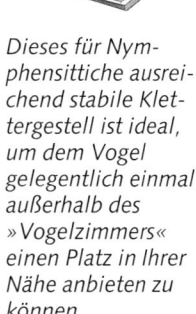

Dieses für Nymphensittiche ausreichend stabile Klettergestell ist ideal, um dem Vogel gelegentlich einmal außerhalb des »Vogelzimmers« einen Platz in Ihrer Nähe anbieten zu können.

meint alle Gewohnheiten und Vorlieben seiner Vögel zu kennen und überrascht sie eines Tages bei einer völlig neuartigen, gefährlichen Tätigkeit. Für Nymphensittiche sind vor allem Elektrokabel anziehend. Sie beißen gern hinein und können dabei leicht einen tödlichen Schlag bekommen. Die Kabel deshalb unter dem Teppich verlaufen lassen oder durch Metallröhren schützen. Auch ihre Neigung, nach Nisthöhlen zu suchen, kann sie in Gefahr bringen. So vermißte ich eines Tages Lucy. Nirgends war sie zu finden, sie gab auch keinen Laut von sich. Entflogen konnte sie nicht sein, denn die Fenster und die Loggia waren vergittert. Ich wurde nervös, lag auf dem Boden, um auch unter den Möbeln in alle Winkel sehen zu können – nichts. Überall hatte ich nachgesehen, alle Schubladen

und Schranktüren geöffnet, nur dem halbgeöffneten Flügel hatte ich keine Beachtung geschenkt. Als ich aber einige Tasten anschlug, weil das für Lucy immer ein Lockmittel war, kam sie fauchend aus ihrem Versteck aus dem Saitenraum des Flügels, den sie wohl als Nisthöhle recht brauchbar fand.

Die größte Gefahr: Wegfliegen

Ich habe schon viermal den rasanten Flug eines entflogenen Nymphensittichs unter freiem Himmel bewundert und bedauert, daß es keine Möglichkeit gibt, diese herrlichen Vögel zu retten. Ein entflogener Nymphensittich erreicht bei seiner Fluggeschwindigkeit schnell Entfernungen, die seinem Besitzer wenig Chancen lassen, ihn zurückzubekommen. Von Natur aus an ein Nomadenleben angepaßt, hat es der Nymphensittich in Australien nicht nötig, sich an markanten Sichtpunkten zu orientieren. Entflogene Nymphensittiche können nur dann gerettet werden, wenn sie bereits so erschöpft, hungrig oder durchfroren sind, daß sie nicht mehr flugfähig sind. Werden sie dann nicht sofort aufgefunden, fallen sie einem Raubtier zum Opfer oder sterben an Entkräftung. Wer das bedenkt, wird sicher gern bereit sein, alle möglichen Vorkehrungen gegen das Wegfliegen zu treffen.

Oberstes Gebot muß es deshalb sein, Fenster und Türen stets geschlossen zu halten. Selbst aus dem Käfig kann ein Nymphensittich entkommen, wenn es dem geschickten »Tüftler« gelingt, mit seinem starken Schnabel die Käfigtür zu öffnen. Prüfen Sie den Türverschluß. Läßt sich die Tür zu leicht öffnen, bringt man zusätzlich noch einen Karabinerhaken an. Auch Stores vor gekippten Fenstern schützen nicht vor dem Wegfliegen, denn der Vogel klettert daran hoch, beißt ein Loch in den Stoff und zwängt sich aus Spaß hindurch. Im Vogelzimmer sollte darum mindestens ein Fensterflügel mit einem kräftigen Gitter von 1 x 1 oder 2 x 2 cm Maschenweite vergittert werden. Spannen Sie das Gitter auf einen Holzrahmen und befestigen Sie diesen mit Schrauben im Fensterrahmen. So kann jederzeit gelüftet werden, und der Vogel hat im Sommer viel frische Luft.

Pflanzen im Vogelzimmer

Zimmerpflanzen können einen Sittich gefährden, wenn sie giftig sind oder unverträgliche Substanzen enthalten; und daß ein Nymphensittich eine so artgerechte Möglichkeit zu knabbern ignoriert, ist kaum anzunehmen. Er wird sicherlich alle Pflanzen auf deren diesbezügliche Brauchbarkeit annagen und kann sich dabei vergiften.

Giftige Zimmerpflanzen

Mit den folgenden Pflanzen sollte der Vogel nicht in Berührung kommen: Becherprimel, Brechnußbaum (*Strychnos vomica*), Catharanthus, Christusdorn, alle Dieffenbachie-Arten, Eibe, Hyazinthe, Immergrün (*Vinica minor*), alle Nachtschattengewächse, beispielsweise der Korallenstrauch, Madagaskarpalme (*Pachypodium*), Narzissen, Oleander, Beeren der Spitzblume (*Ardisia*), Weihnachtsstern, Wunderstrauch (*Codiaeum variegatum*), Wüstenrose, Beeren vom Zierspargel.
Folgende Pflanzen sind zwar nicht giftig, enthalten aber schleimhautreizende Substanzen, die auf ein so kleines Lebewesen wie einen Nymphensittich ebenfalls sehr schädlich wirken können: Efeu, Fensterblatt (*Monstera*), Flamingoblume, Goldtrompete, Kolbenfaden (*Alaonema*), Philodendron, Schefflera.
Vorsicht vor Kakteen und anderen Pflanzen mit Stacheln; der Vogel kann

sich vor allem die Augen daran verletzen.
Wichtig: Fragen Sie beim Anschaffen neuer Pflanzen nach deren Verträglichkeit für den Vogel, denn es kommen immer wieder neue Zimmerpflanzen auf den Markt, die in obiger Aufzählung noch nicht genannt sind.
Ungiftige Zimmerpflanzen dürfen Sie selbstverständlich zu Ihrer und des Vogels Freude halten. Allerdings kann Ihnen niemand versprechen, daß Ihr Sittich nicht an der einen oder der anderen Gefallen findet und diese nach und nach mehr auslichtet, als Ihnen lieb ist.

Hier handelt es sich um eine kleine Auseinandersetzung. Die Drohgebärde des Nymphensittichs links bewirkt jedoch, daß der andere Vogel augenblicklich nachgibt.

Abwechslung tut gut

Im Freileben sind Nymphensittiche vollauf mit Nahrungssuche, Vater- und Mutterpflichten oder der Eroberung einer Bruthöhle ausgelastet. Zwar beschäftigen sie sich nicht ununterbrochen, sondern legen auch tagsüber

Der Graue möchte, daß ihn der Gesäumte krault.

Beliebte Beschäftigungen

Mit einem Vogelbaum verschaffen Sie Ihrem Sittich die natürlichste Gelegenheit, sich mit dem Schnabel zu betätigen und seine körperliche Gewandtheit zu trainieren. Die Sitzäste im Vogelbaum sind nicht nur gut zur Schnabelarbeit geeignet, sie enthalten auch für sein Wohlbefinden wertvolle Substanzen wie Mineralstoffe und Spurenelemente. Außerdem sind Äste und Zweige von unterschiedlicher Stärke und verschiedenartigen Formen für den Vogel eine gesunde Fußgymnastik. Zum anderen wird sein Interesse durch den Vogelbaum von anderen Gegenständen oder den Zimmerpflanzen abgelenkt. Käfig und Vogelbaum werden bald sein bevorzugter Lebensraum sein. Trotzdem freut sich der Vogel, wenn er sich ab und zu auch einmal mit anderen Gegenständen beschäftigen kann. Der Fachhandel bietet allerei »Spielspaß« für Nymphensittiche an, aber auch ganz alltägliche Dinge aus Ihrem Haushalt verschaffen dem Vogel Abwechslung.

Holzspielzeug wie Schaukelring und Leiter nehmen die Vögel ebenso gern an wie Vorhangringe oder leere Garnrollen.

Metallspiegel sind sicherlich für einzeln gehaltene Nymphensittiche reizvoll, weil sie glauben, darin einen Artgenossen zu sehen.

Messingglöckchen an einer kurzen kräftigen Kette dürfen weder im Vogelbaum noch im Käfig fehlen.

Papier und Karton sind bei Nymphensittichen beliebt. Sie knipsen unendlich viele Zäckchen in den Rand und lassen sie als Konfetti zu Boden rieseln.

Dicke Kordeln (→ Zeichnung, Seite 30) laden zum Klettern und Turnen ein.

Buschige Bastquasten können Sie leicht selbst anfertigen. Immer wieder wird mit dem Schnabel an ihnen gezupft

Ruhestunden mit Schlafpausen ein, doch im großen Ganzen verläuft ihr Leben recht abwechslungsreich. Nymphensittiche in der Obhut des Menschen sollten deshalb unbedingt Möglichkeiten zum Schnabel betätigen, Klettern, Turnen und Spielen erhalten, damit etliche Stunden des Tages mit »action« ausgefüllt sind.

Während der Gescheckte die Fotografin beobachtet, räkelt sich der Gelbe.

und gezerrt, aber meist dauert es einige Tage, bis sie zerstört sind.

Mein Aron, ein Nymphensittichmännchen von erstaunlicher Redegewandtheit, liebte seine täglichen Besuche auf meinem Schreibtisch. Dort gab es einiges, worin er sich spiegeln konnte, Papier zum Zernagen und vor allem die herrlichen Bleistifte. Weil er die aber wegen der Bleimine nicht zerbeißen durfte, hatte ich für ihn stets eine zweite Bleistiftschale zum Austauschen bereit. In ihr lagen jedoch nur Holunderstäbchen, die er mit Vergnügen zersplitterte. Besuchte mich aber zur gleichen Zeit meine Mutter, flog ihr Aron sofort auf den Kopf, um alle Haarnadeln aus ihrem Knoten zu ziehen. Fiel das Haar dann nach unten, rief er begeistert: »Na so was!«

Dabei sein ist alles

Sie werden bestimmt bemerkt haben, daß Ihr Nymphensittich immer mehr von seinem Zuhause Besitz ergreift, sich immer selbstverständlicher darin

29

Die von der Käfig-decke herabhän-gende Kordel nüt-zen Nymphensitti-che vor allem zur Schnabelarbeit, manche aber auch zum Klettern.

bewegt. Erstaunlich gut versteht er es, Ihnen zu zeigen, was er gern möchte, was er ablehnt, wovor er sich fürchtet. So kann es sein, daß ihm der Staubsau-ger Furcht einflößt. Wenn das so ist, bereiten Sie ihn am besten darauf vor. Bringen Sie den Staubsauger ins Zim-mer und erklären Sie dem Vogel, daß er jetzt am besten in den Käfig oder auf den Vogelbaum geht, bringen Sie ihn auf der Hand dorthin und schalten Sie erst dann das Gerät ein. So nehmen Sie ihm bestimmt bald diese Angst. Geschieht in seiner Umgebung nichts Beängstigendes, wird er am liebsten in Ihrer Nähe sitzen und Ihnen aufmerk-sam bei Ihrer Tätigkeit zusehen. Gibt es dabei auch für ihn etwas zum Beschnä-beln, ist sein Glück schon vollkommen. Manchmal muß Ihr Nymphensittich aber auch Krach machen. Am liebsten schiebt er dann Gegenstände mit dem Schnabel über den Tisch und läßt sie abstürzen, wobei er ihnen befriedigt nachschaut. Geht dabei nichts Wertvol-les zu Bruch, gönnen Sie ihm das Ver-gnügen.

Nymphensittiche sind folgsam
Wenn Sie von Anfang an immer konse-quent »nein, nein« sagen, wenn der Sittich nach Ihnen hacken will oder etwas Gefährliches ansteuert, wird das seine Wirkung nicht verfehlen. Aron hatte es auf das Telefonkabel abgese-hen. Glücklicherweise kam er nur auf den Schreibtisch, wenn ich dort beschäftigt war. So konnte ich seine Angriffe auf das Kabel immer mit dem »Nein, nein« stoppen. Mußte ich meine Vögel alleinlassen, wurde das Kabel ausgesteckt. Ebenso folgten alle meine Nymphensittiche der Aufforderung, über die Hand in den Käfig zu steigen. Nur der Gastvogel Charlie verweigerte das hartnäckig. Für ihn erfand ich fol-genden Trick: Ich brachte Laura in den

Käfig, schloß die Tür, nahm den Käfig und machte Anstalten, das Zimmer zu verlassen. Da flog Charlie mit lautem Schrei auf den Käfig und verlangte Ein-laß. Nichts war für ihn schlimmer, als von Laura getrennt zu sein.

Die stimmlichen Begabungen
Einsame, vernachlässigte Nymphen-sittiche können unangenehme Schreier werden, ein zufriedener Nymphensit-tich nutzt seine Stimme dagegen oft zum Imitieren von allerlei Geräuschen. Manche sind wahre Genies im Pfeifen. Ich kannte einen, der pfiff den Radetzky-Marsch so großartig, wie ich es gerne können möchte. Charlie beschränkte sich auf »Hänschen klein«, und Aron ahmte nur den Pfiff des Nachbarn nach dem Hund nach. Dafür sprach er viele kleine Sätzchen und sorgte oft für Heiterkeit. Während es sich Lucy nicht nehmen ließ, mich jedesmal mit »Da bist du ja« zu begrü-ßen. Aron liebte nicht nur das Telefon-kabel, sondern auch das Telefonieren. Rief mich jemand an, kam er sofort und drückte sich ganz nahe an die Hörmu-schel. Manchmal redete er auch mit. Einmal bekam ich per Telefon ein recht verlockendes berufliches Angebot. Da ließ Aron seine Stimme hören, indem er laut sagte: »Kein Interesse, kein Inter-esse.« Mit diesem Kommentar lehnte er auch Nahrung ab, die ich ihm anbot, und die er nicht mochte.

Förderkurs für Sprachtalente
Sprechbegabte Nymphensittiche sagen vieles nach, was sie häufig hören, und haben Spaß daran. Macht ein Nym-phensittich keine Anstalten zu sprechen, sollte man ihm viel vorpfei-fen, vielleicht liegt seine Begabung hier. Und so kann man sie fördern:
• Sagen Sie in wiederkehrenden Situa-tionen immer das passende Wort oder

Pflegeplan

Täglich

Aus dem Sand im Käfig und im Bottich des Vogelbaums mit einem Löffel alle Schmutzteilchen entfernen und etwas frischen Sand einstreuen.

Alle Näpfchen und eventuell den Wasserspender ausleeren, heiß abwaschen, gut abtrocknen und neu füllen. Die Körnernäpfchen halbvoll machen.

Verschmutzte Äste mit einer alten Zahnbürste oder Sandpapier abreiben und feucht abwischen.

Am Nachmittag nachsehen, ob der Sittich noch genügend Körner findet. Bedecken zu viele leere Hülsen die Körner darunter, die Hülsen mit einem Löffel abnehmen. Nicht ausblasen, das staubt zu sehr!

Zweimal wöchentlich

Bodenschale und Sandschuber mit warmem Wasser auswaschen, trockenreiben und frischen Sand einfüllen.

Restkörner wegwerfen. Alle Näpfchen heiß ausspülen, abtrocknen und frisch füllen.

Monatlich

Den Käfig mit warmem Wasser abbrausen, dabei Kotreste mit einem Lappen abwischen; Holzteile können mit heißem Wasser abgebraust werden; anschließend Käfig und Holzteile mit einem Lappen abtrocknen.

Zernagte Zweige und Äste im Käfig und im Vogelbaum durch frische, heiß gewaschene und gut getrocknete erneuern.

Das Schnabelwetzen hat die Funktion, den Schnabel sauber und in Form zu halten.

erfinden Sie bestimmte Pfeiffolgen dafür. Beispielsweise sagen Sie »guten Morgen«, wenn Sie morgens das Zimmer betreten, »gute Nacht«, bevor Sie abends das Licht löschen.
• Sprechen Sie dem Vogel immer dann ein kleines Sätzchen möglichst im gleichen Rhythmus vor, wenn er Sie erwartungsvoll ansieht.
• Singen oder pfeifen Sie ihm mehrmals täglich dieselben einfachen Melodien vor.
• Wiederholen Sie möglichst oft seinen gesamten Wortschatz während einer

stillen halben Stunde, für die Sie täglich Zeit finden sollten.
• Wenn Sie dem Vogel etwas Neues beibringen möchten, lassen Sie ihn auf Ihrer Hand sitzen, am besten in der Dämmerung, wo ihn fast nichts mehr ablenkt, und sagen Sie ihm dann das neue Wort oder das Sätzchen.

Nymphensittiche sind intelligent
Die Intelligenz der Nymphensittiche kann nicht mit der der Graupapageien, Kakadus, Amazonen oder Aras, die diesbezüglich Spitzenleistungen voll-

31

bringen, konkurrieren. Doch mit der Intelligenz der Wellensittiche können sie es aufnehmen, und die haben zusammen mit der Dohle im Intelligenztest des Wiener Verhaltensforschers Professor Otto König immerhin Platz zwei errungen, nach Graupapagei und Gelbstirnamazone, aber vor dem Kolkraben und der Taube.

Wie schlau Ihr Sittich ist, werden Sie an vielen Kleinigkeiten bemerken, beispielsweise erkennt ein Nymphensittich meistens schon an Ihrer Miene, wenn Sie sich seinem Käfig nähern, um dessen Tür zu schließen.

Ein zweiter Nymphensittich

Lucy war mein erster Nymphensittich. Sie kam sehr jung zu mir und war schon nach Tagen zutraulich. Sie konnte lange auf meiner Schulter verweilen, wenn ich Klavier spielte. Ertönte Musik aus dem Radio, vollführte sie regelrecht kleine Tänze. Sie redete nicht viel, doch wenn das Telefon läutete, sagte sie stets: »Ja, hier Wolter.« Mußte ich sie aber für Stunden oder gar einen Tag alleinlassen, drückte sie sich mehr liegend als sitzend am Fußboden in eine Ecke und verharrte so, bis ich zurückkam. Das tat mir so leid, daß ich ihr eines Tages Aron brachte. Lucy war damals ungefähr ein Jahr alt und betrachtete Aron mit neugieriger Skepsis. Doch als er sich vor ihr duckte und sie anbettelte, wußte sie, was zu tun war: sie fütterte ihn. In den folgenden Wochen haben sich die beiden ohne besondere Schwierigkeiten aneinander gewöhnt. Einige Monate später begann Aron, Lucy mit Erfolg anzubalzen, doch kam es nie zu Nachwuchs. Leider wird ein zweiter Nymphensittich nicht immer so freundlich aufgenommen wie Aron von Lucy. Manchmal dauert es einige Wochen, ehe der erste den Neuankömmling bei sich duldet. Anfangs ver-

schafft er sich durch Fauchen und Schnabelhiebe gebührenden Abstand vom zunächst ungeliebten Artgenossen. Um beiden Vögeln gerecht zu werden, sollte man beim Eingewöhnen eines zweiten Nymphensittichs etwas vorsichtig verfahren.

Eingewöhnen eines zweiten Vogels
• Das Geschlecht des zweiten Nymphensittichs ist nicht wichtig. Kommen zwei gleichgeschlechtliche Vögel zusammen, schlüpft einer von beiden in die Rolle des fehlenden Geschlechts. Doch nestjung (10–12 Wochen alt) sollte der Neuankömmling sein, damit der ältere mit Fürsorge auf ihn reagiert.
• Den neuen Vogel möglichst mindestens eine Woche lang allein in einem Käfig unterbringen und sich viel Zeit für ihn nehmen. So verliert er die Scheu vor Ihnen.
• Wenn Sie die Vögel zusammenbringen, den Käfig oder die Käfige offenlassen, damit sie einander ausweichen können, wenn es eventuell zunächst Streit gibt.

Hygiene ist notwendig

Wie alle Heimtiere machen auch Nymphensittiche Schmutz. Doch läßt sich der Kot gut beseitigen. Wenn's passiert ist, von einer glatten Fläche sofort mit einem Tempo wegwischen, auf Textilien zuerst ganz trocknen lassen, dann bürsten und saugen. Etwas mehr Aufwand erfordert dagegen die Hygiene, die der Vogel nötig hat, und zwar regelmäßig, sonst kann er krank werden. Sein Käfig, sein Baum und alle Utensilien bedürfen der Pflege. Am besten geht man hierbei planmäßig vor.

Das Glöckchen ist vielen Nymphensittichen eine Art Partnerersatz, weil es eine »Stimme« hat, sich bewegt und immer wieder anders reagiert, wenn es angeschubst wird.

Noch prächtiger kann ein Nymphensittich ▷ nicht um die Gunst seiner Partnerin werben. Ist sie tatsächlich ein Weibchen, wird sie ihn bald erhören.

Wichtig: Zum Saubermachen keine Spül- und Putzmittel verwenden. Diese sind für den Vogel giftig; etwa 55 °C warmes Wasser genügt völlig und ist ungefährlich.

Wohin mit dem Vogel bei Urlaub oder Krankheit?

Mit dem Vogel verreisen: Wenn Sie im Urlaub verreisen möchten, müssen Sie zusammen mit Ihrem Quartier auch das für den Vogel bestellen oder bedenken.

Muß sich ein Nymphensittich am Köpfchen kratzen, führt er den Fuß unter dem Flügel hindurch nach oben.

Im Ausland darf der Ferienort allerdings nicht liegen, denn dorthin kann der Vogel wegen der strengen Einfuhrbestimmungen für Papageien nicht mitgenommen werden.
Eine Autoreise könnte man ihm zumuten. Aber es darf auch im heißen Sommer während der Fahrt im Auto nicht ziehen. Im Hotel- oder Pensionszimmer müßte der Vogel zu seiner Sicherheit im Käfig bleiben, denn das Personal achtet beim Saubermachen nicht auf geschlossene Fenster und Türen. Und während des Saubermachens könnte er auch Zugluft abbekommen. Ein Zelt oder Wohnwagen ist kein zumutbarer Platz für den Vogel, ein Ferienhaus hingegen schafft etwas anheimelnde Atmosphäre.

Den Vogel zu Hause lassen: In seiner vertrauten Umgebung hätte es der Nymphensittich am besten, vorausgesetzt, ein verläßlicher Pfleger versorgt ihn zweimal täglich, redet mit ihm und bleibt eine Weile anwesend.

Ausquartieren: Vielleicht finden sich Freunde oder Verwandte, die Ihren Vogel aufnehmen. Dann aber genaue Informationen, wie zum Beispiel Ihre Urlaubsadresse oder die Telefonnummer des Tierarztes hinterlassen, alles Benötigte mitgeben und dafür sorgen, daß der Vogel auch als Logiergast fliegen darf.

Zoofachhandlungen nehmen für wenig Geld Nymphensittiche in Pflege. Dort dürfen sie allerdings nicht fliegen.

Im Krankheitsfall: Wenn Sie einmal unverhofft oder geplant in die Klinik müssen, empfehle ich Ihnen, die letzten drei Vorschläge anzustreben, die ich Ihnen für die Urlaubsunterbringung gemacht habe. Menschen, die alleine leben, sollten schon in gesunden Tagen nach einem verläßlichen Pfleger Ausschau halten.

Mein Tip: Tierheime verfügen über Adressen von Vogelfreunden, die bereit sind, während der Ferien, aber auch im Notfall einen oder zwei Vögel in Pflege zu nehmen. Versuchen Sie einen dieser Tierfreunde vorher kennenzulernen, um gegebenenfalls rasch Verbindung aufnehmen zu können.

Die richtige Ernährung

Die natürliche Nahrung

Halbreife Sämereien, die wichtigste Nahrung für Nymphensittiche während der Brut, finden die Vögel in ihrer australischen Heimat nur nach Regenperioden. Während der übrigen Monate leben sie hauptsächlich von ausgereiften Samen verschiedener Gräser, Kräutern, wildem Getreide und in der Nähe kultivierter Gebiete von reifen Weizenkörnern. Professor Dr. Immelmann beobachtete, daß Nymphensittiche in Eukalyptusbäumen auch Blütennektar zu sich nahmen. Ihren Durst stillen sie in Flüssen oder Wasserlöchern, wo sie sich in großer Zahl einfinden. Herrscht jedoch Trockenheit, müssen sie sich mit dem Tau begnügen, der morgens die Steppe befeuchtet.

Körner als Grundnahrung

Die Körnermischung für Großsittiche, zu denen auch die Nymphensittiche gehören, besteht aus unterschiedlichen Anteilen verschiedener Hirsesorten, aus Spitzsaat oder Glanz, Haferkörnern, schwarzen und weißen Sonnenblumenkernen, Hanf und Weizen. Diese Mischung bietet den Vögeln die nötigen Kohlenhydrate, ausreichend Fett, Eiweiß, Mineralstoffe und einige Vitamine.

Wichtig: Immer auf das Abpackdatum achten. Es ist auf den Packungen eingestanzt und darf nicht älter als drei Monate sein, denn wir wissen ja nicht, wie lange die Körner bereits vor dem Abpacken gelagert wurden. Alle im Handel erhältlichen Sämereien werden einmal im Jahr geerntet und bleiben bei sachgemäßer Lagerung ein Jahr keimfähig, zwei Jahre genießbar. Da jedoch die Nährwerte selbst bei richtigem Lagern allmählich abgebaut werden, sollte man von jeder Packung Körnermischung die Keimprobe machen. Keimen Körner nämlich, sind sie auch reich an Inhaltsstoffen (→ Keimrezept, Seite 38). Keimt jedoch nur ein geringer Teil der Körner, ist der Großteil der Mischung wertlos und sollte nicht verwendet werden.

Anzeichen des Verderbs

- Fäulnis: Faule Körner riechen penetrant, während gesunde geruchlos sind.
- Schimmel: Ist durch weißlichgrauen Belag zu erkennen, jedoch nur, wenn man die Körner sehr genau daraufhin prüft.
- Ungeziefer: An zusammengeklumpten Körnern und spinnwebfeinen Fäden wahrzunehmen.

Ein Nymphensittich nascht gerne vom Eßtisch, wenn er Gelegenheit dazu bekommt. Doch nicht alles, was ihm schmeckt, bekommt ihm auch. Halten Sie deshalb immer etwas Verträgliches wie beispielsweise etwas Obst oder eine abgekühlte, gekochte Kartoffel für ihn bereit.

Nymphensittiche nehmen nicht wie Großpapageien Nahrung in die »Hand«. Aber sie halten Hirse oder Stücke von Obst mit dem Fuß fest, um davon zu essen.

Zwei aneinander gewöhnte Nymphensittiche ... *kennen keinen »Futterneid«,*

<u>Wichtig</u>: Bei Anzeichen von Verderb darf die Körnermischung unter keinen Umständen als Vogelnahrung dienen.
<u>Richtig aufbewahren</u>: Wer nur einen oder zwei Sittiche hält, reicht mit einer Packung Körnermischung einige Wochen. In diesem Zeitraum sollten die Körner wie Getreide trocken, dunkel und luftig aufbewahrt werden.
Richtig hängt man sie in einem Säckchen aus Naturfasern an einem entsprechenden Ort auf.
Nicht richtig sind sie im Plastikbeutel, in der Blechdose oder im Schraubglas abgefüllt.

Wieviel Körner pro Tag?

• Pro Vogel morgens zwei Eßlöffel Körner in das Näpfchen füllen; bei zwei Näpfchen je einen Eßlöffel.
• Am frühen Nachmittag und gegen Abend die leeren Hülsen von den Körnern abnehmen, da der Vogel sonst die vollen Körner darunter nicht erreicht.
• Sind am Abend nur noch wenige Körner im Näpfchen, knapp einen Eßlöffel nachfüllen, damit der Vogel morgens Nahrung vorfindet, denn dann braucht er Energiezufuhr.
<u>Es ist richtig,</u> dem Vogel immer genügend Nahrung anzubieten. Sie könnten ja einmal am Heimkommen gehindert sein, dann sind reichlich gefüllte Näpfchen ein Segen.
<u>Es ist nicht richtig,</u> den Vogel durch Rationieren der Körner vor dem Dickwerden schützen zu wollen. Vögel haben einen raschen Stoffwechsel und brauchen häufig kleine Nahrungsmengen. Dick werden Vögel nur, wenn sie falsch ernährt werden, sich zuwenig bewegen und unterbeschäftigt sind.

friedlich teilen sie den Genuß am Hirsekolben.

Trinkwasser

Selbstverständlich braucht Ihr Nymphensittich täglich frisches Trinkwasser. Leitungswasser ist gut. Wer seinem Vogel etwas besonders Gesundes geben möchte, verwendet den im Handel erhältlichen Vogeltrank. Noch besser ist allerdings kohlensäurefreies Mineralwasser, dessen Inhaltsstoffe auf dem Etikett angegeben sind. Nur der kranke Vogel bekommt abgekochtes Wasser, leichten schwarzen Tee oder Kamillentee, falls der Tierarzt das empfiehlt.

Gemüse und Obst

Im Freileben ernährt sich der Nymphensittich stets von erntefrischen Sämereien, während er als Heimvogel hauptsächlich von gelagerten Körnern leben muß. Als Ausgleich dafür benötigt er in seiner Ernährung viel Gemüse, Kräuter und Obst. Das ist wichtig für seine Gesunderhaltung und hält sein Gefieder intakt. Gleichzeitig schützt ihn die Frischkost vor dem Dickwerden. Besonders reich an Vitalstoffen sind Obst und Gemüse, wenn es keine langen Transportwege hinter sich hat, sondern aus der nahen Umgebung stammt und rasch nach der Ernte auf den Markt kommt, also einheimische Früchte. Doch Bananen, Feigen, Kiwis, Orangen oder Mandarinen dürfen das Angebot an Frischkost jederzeit ergänzen. Am besten richten Sie sich beim Zusammenstellen der Frischkost für Ihren Sittich nach dem Speiseplan der Familie und geben ihm von allem, was gut für ihn ist.

Rohes Gemüse: Auberginen, Chicorée, grüne Erbsen, junge Löwenzahnblätter, wenig frische Maiskörner, Mangoldblätter, Möhre, unbehandelte Blattsalate, Sauerampfer, Spinatblätter, Zucchini.

<u>Obst:</u> Frische Ananas, Apfel, Aprikose, Banane, Birne, Brombeeren. Erdbeeren, frische Feigen, Himbeeren, Mandarinen, Kirschen, Kiwi, Mango, Mandarinen, Melone, Orange, Pfirsich, Weintrauben.

<u>Unbekömmlich sind:</u> Alle Kohlarten, rohe und grüne Kartoffeln, grüne Bohnen, behandelte (gegen Ungeziefer gespritzte) Blattsalate, Grapefruit, Rhabarber, Pflaumen, Zitronen.

<u>Wichtig:</u> Nichts darf direkt aus dem Kühlschrank kommen, alles muß Raumtemperatur haben, zuvor warm gewaschen, trockengetupft und geschält werden.

Wie wird Frischkost angeboten?

Früchte, die hart genug sind, wie Ananas, Apfel, Birne, Möhre, Zucchini, schneidet man in so dicke Scheiben oder Spalten, daß sie sich zwischen das Käfiggitter klemmen lassen. Weiche Früchte in kleine Stücke schneiden und mit Beeren, Erbsen, kleingerissenem Blattgemüse, eventuell auch mit geraspeltem Gemüse gemischt, in einer flachen Schale anbieten. Seien Sie aber nicht entmutigt, wenn Ihr Sittich nicht gleich kapiert, daß die Schale Wohlschmeckendes enthält. Vielleicht berührt er nur das eine oder andere Stück mit dem Schnabel. Gelangt aber dabei der Saft einer Frucht auf seine Zunge, wird er wahrscheinlich mehr davon probieren. Es dauert oft Tage oder sogar Wochen, ehe ein Nymphensittich wirklich Gebrauch von der angebotenen Frischkost macht. Doch können Sie ihn dabei unterstützen, indem Sie in seiner Gegenwart von den gleichen Früchten essen. Das macht ihn neugierig.

Seien Sie aber nie enttäuscht, daß der Vogel die Früchte nicht manierlich

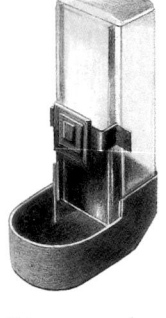

Im Wasserspender bleibt das Trinkwasser sauber, weil in die kleine Trinkschale kaum Schmutz gelangen kann. Beim Kauf auf die Halterung für waagerechtes Gitter achten.

ißt. Er wird nur kleine Stücke aus den Früchten brechen, Blätter mit dem Schnabel zerreiben, das wenigste gelangt dabei in seinen Magen. Dennoch nimmt er Partikel von allem auf, und diese sorgen für die nötige Versorgung mit Vitalstoffen.

Minerale und Spurenelemente

Der Vogel braucht sie, ähnlich wie wir Menschen, nur in minimalen Mengen. Quentchen davon enthalten die Körner und die Frischkost. Die wesentlichen Spurenelemente wie Kalk und Phosphor sind im Schnabelwetzstein und im Vogelsand enthalten. Beim Kauf des Schnabelwetzsteins immer auf den Hinweis achten: »Enhält alle Stoffe zum Aufbau des Knochengerüstes und zur Bildung der Federn.«

<u>Mein Tip:</u> Sepiaschale, die ebenfalls als Wetzstein verwendet wird, keinem brutfreudigen Weibchen anbieten. Einige reagieren darauf mit Legenot.

Keimrezept

- Je ½ Teelöffel Grundnahrung, Spießkornhafer und -weizen mit 2 cm lauwarmem Wasser bedecken und 24 Stunden einweichen.
- Die Körner lauwarm abbrausen, abtropfen lassen, in ein Glasschälchen füllen und locker zugedeckt 48 Stunden hell bei Raumtemperatur stehen lassen.
- Sobald Keime aus den Körnern spitzen, können sie dem Vogel angeboten werden. Nach weiteren 24 Stunden sind die Keime noch größer und bieten noch mehr Vitalstoffe.

<u>Wichtig:</u> Gekeimte Körner immer lauwarm abbrausen und gut abtropfen lassen!

Kräuter und Wildpflanzen

Zur besprochenen Frischkost gehören auch Kräuter und Wildpflanzen, weil sie denen ähnlich sind, die ein Nymphensittich im Freileben vorfindet.

Aus Küche und Garten können Basilikum, Kerbel oder Petersilie die Frischkost ergänzen.

Von der Wiese (ungedüngt) oder vom Wegrand (nicht Straßenrand, wegen der Auspuffgase) können Sie beim Spazierengehen Wildpflanzen sammeln, beispielsweise halbreife und reife

Was das Vogelmenü bereichert

Angebote im Zoofachhandel:

• Kolbenhirse ist die wichtigste Bereicherung der Nahrung und den Vögeln meist auch die liebste. Als hochwertiges Naturprodukt ist sie ideal für brütende Paare und Jungvögel sowie für kranke oder schwache Vögel. Gesunde erwachsene Sittiche sollten jedoch täglich nur ein etwa 6 cm langes Stück davon bekommen.

• Vitaminpräparate halte ich für eine sinnvolle Ergänzung der Nahrung, da

Bei weit ausgebreiteten Flügeln leuchten die weißen Flügelbinden auf. Diese Haltung gehört zum Balzritual und kommt einer Liebeserklärung gleich.

Samen vom einjährigen Rispengras und von der Blut-Fingerhirse, Blätter und Blüten von der Zaunwicke, abgeblühte Gänseblümchen ohne Stengel, geöffnete Stiefmütterchen-Samenkapseln, vom Eingriffeligen Weißdorn Blüten und Früchte sowie Blätter mit Stengel von jungem Löwenzahn, Sauerampfer, Vogelmiere, Hirtentäschelkraut, Wasserkresse.

Wie anbieten? Alle Kräuter und Wildpflanzen werden lauwarm abgebraust, trockengeschwenkt und als Büschel mit einer Klammer am Käfigdach befestigt. Mein Tip: Wenn Sie bemerken, daß Ihr Sittich in feuchten Kräutern zu »baden« versucht, bieten Sie ihm gleich ein Bad an oder die Kräuter in einer Schale als »Taubad« (→ Seite 14).

sich der Vitamingehalt der Grundnahrung sowie von Gemüse und Obst nicht prüfen läßt. Vitamine sind aber lebenswichtig. Je kleiner ein Organismus, desto empfindlicher reagiert er auf deren Mangel. Deshalb ist es empfehlenswert das Trinkwasser zumindest während des Winters mit Vitaminen anzureichern, oder wenn der Vogel ständig nur wenig von der Frischkost zu sich nimmt. Multivitaminpräparate bekommen Sie im Zoofachhandel und in der Apotheke. Auf das Haltbarkeitsdatum achten – überlagerte Präpaprate sind wertlos.

• Herzchen, Ringe, Stangen, an denen Körner mittels einer Honiglösung befestigt sind, werden als Leckerbissen angeboten. Durch die verwendeten

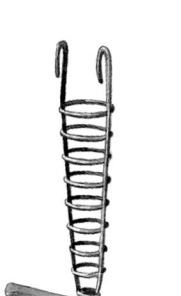

Diesen praktischen Halter für Kolbenhirse so an der Käfigdecke einhängen, daß der Nymphensittich von einem Sitzast aus die Hirse rundherum erreichen kann.

Haftmittel liefern sie jedoch viele Kalorien. Frische Zweige bieten eine weitaus gesündere und wirksamere Schnabelarbeit.

Was Sie selbst zubereiten können:
• Hartgekochtes Eigelb, gemischt mit wenig Magerquark, bietet wertvolles Eiweiß. Einmal wöchentlich ein Eierlöffel davon ist bekömmlich.
• Von frischgeschrotetem Getreide, wie Sie es vielleicht in Ihr Morgenmüsli mischen, können Sie auch Ihrem Sittich täglich knapp einen Teelöffel, in wenig lauwarmem Wasser eingeweicht, geben.
• Mit gekeimten Körnern sollte Ihr Vogel im Winter, im zeitigen Frühjahr, während der Mauser, der Brut- und Nistzeit und wenn er nur wenig Frischkost zu sich nimmt, eine vierwöchentliche Kur machen. Sie beugt Mangelerscheinungen vor. Zum Keimen eignen sich die Körnermischung der Grundnahrung aus dem Zoofachhandel sowie Sprießkornhafer und Sprießkornweizen aus dem Reformhaus. Sobald keimfähige Körner Wasser aufnehmen, beginnen in ihnen chemische Reaktionen, die das Keimen veranlassen. Dabei werden vorhandene Vitalstoffe aufgeschlossen, wodurch bereits gequollene, mehr noch gekeimte Körner an Wert gewinnen. Sehr wichtig: Die Körner nicht luftdicht abdecken, da sie sonst schimmeln. Stehen sie jedoch unbedeckt, beginnen sie rasch zu faulen. Deshalb alle gekeimten Körner, die der Vogel noch nicht verzehrt hat, nach zwei Stunden wegwerfen.

Naschen vom Eßtisch

Viele Nymphensittiche sind »scharf« darauf, vom Eßtisch zu naschen. Doch das birgt Gefahren für den Vogel. Er kann sich an heißen Speisen verbrühen, die Zunge verbrennen und für ihn Unverträgliches erwischen. Wer es seinem Sittich dennoch erlaubt, die Familienmahlzeit zu teilen, muß ihn dauernd beaufsichtigen und sollte etwas Verträgliches für ihn bereit halten, beispielsweise eine abgekühlte gekochte Kartoffel, ein paar abgekühlte Nudeln, ein Stückchen Brot oder Obst.

Das Wichtigste im Überblick

Das ist gesund für den Vogel:
• Täglich ein Näpfchen voll von der Körnermischung; und
• ein etwa 6 cm langes Stück Kolbenhirse anbieten.
• Möglichst täglich frisches Gemüse und Obst.
• Sooft wie möglich ein Bündel frische Kräuter und Wildpflanzen.
• Alle vier bis sechs Wochen eine Kur mit gekeimten Körnern.
• Täglich frisches Trinkwasser.
Das ist schädlich für den Vogel:
• Kalte Nahrung, die direkt aus dem Kühlschrank kommt.
• Verfaultes, Verschimmeltes, auch nach dem Entfernen der Schadstellen, da Fäulnis und Schimmel unsichtbar im Innern der Lebensmittel weiterwuchern.
• Salziges, Gewürztes, Süßigkeiten, Fetthaltiges.
• Alkoholische Getränke, Kaffee.
Völlig abzulehnen: Nahrungsentzug mit dem Ziel, der sehr hungrige Vogel soll dann aus »der Hand fressen«; das ist Tierquälerei!
Bitte daran denken: Obst entweder in kleinen Stücken oder so befestigt anbieten, daß der Vogel davon abbeißen kann. Von Kirschen, Erdbeeren oder Weintrauben kann er nur dann richtig naschen, wenn man sie hinhält; am besten halbiert.

Flügel- und Schwanzfeder abzuspreizen schafft immer wieder Wohlbehagen.

Was tun, wenn der Vogel krank ist

Der kranke Nymphensittich…

…fällt durch sein lustloses Verhalten auf. Er beschäftigt sich kaum, meidet Gesellschaft, sitzt teilnahmslos mit leicht geplustertem Gefieder auf seinem bevorzugten Ast und hat den Schnabel oft in den Rückenfedern vergraben. Mit müdem Blick verfolgt er gerade noch, was nahe um ihn herum vorgeht. Er ruht auf beiden Füßen, nicht wie bei gesundem Schlaf nur auf einem Fuß, während der andere im Bauchgefieder versteckt ist. Der kranke Vogel ißt kaum etwas, rührt oft nur mit dem Schnabel ein wenig im Körnernäpfchen, trinkt dafür aber möglicherweise öfters. Seine Haltung ist nicht wie sonst aufrecht, er hält den Körper vielmehr in der Waagerechten und läßt den Schwanz nach unten hängen. Wird dem kranken Vogel nicht bald geholfen, kann er so kraftlos werden, daß er sich nicht mehr auf dem Ast halten kann und mit dem Bauch auf dem Käfigboden liegt (→ Zeichnung, rechts). Der Gang zum Tierarzt darf nicht lange erwogen werden, denn ein so kleines Lebewesen braucht schnelle Hilfe.

Wie Sie dem Vogel helfen können:

Sorgen Sie für Ruhe und gleichmäßige Wärme. Der kranke Vogel braucht einen Käfig für sich allein und als Getränk lauwarmen Kamillentee. Häufig hilft auch die Bestrahlung mit Infra-Rotlicht (→ Seite 44).

Der Gang zum Tierarzt

Ändert sich das Befinden Ihres Nymphensittichs nicht in wenigen Stunden, sollten Sie ihn noch heute, spätestens morgen zum Tierarzt bringen. Stellen Sie aber Alarmzeichen fest (→ Tabelle, rechts), muß der Tierarzt unverzüglich aufgesucht werden. In vielen Städten ist nachts und feiertags auch ein Notarzt für Tiere zu erreichen; er kommt aber nur ausnahmsweise ins Haus, meist muß man sein Tier zu ihm bringen.

Nicht alle Tierärzte mit einer Praxis für Kleintiere haben auch mit Papageien Erfahrungen. Deshalb bereits in »gesunden« Tagen Erkundigungen einholen, wo in Ihrer Gegend ein Tierarzt mit einschlägigen Kenntnissen praktiziert. Oft kann auch ein erfahrener Zoofachhändler eine gute Adresse nennen.

Ein kranker Nymphensittich, der kraftlos auf dem Käfigboden sitzt, muß umgehend zu einem Tierarzt gebracht werden.

Bitte daran denken

• Statt Sand sauberes Papier auf den Käfigboden legen, damit der Arzt die Beschaffenheit des Kots sofort beurteilen kann.

• Den Vogel während des Transports vor Kälte, Feuchtigkeit und großer Hitze schützen. Den Käfig am besten in eine Decke hüllen oder in einem großen Karton transportieren; dabei aber für ausreichende Luftzufuhr sorgen.

Gesundheitsstörungen auf einen Blick

Das fällt auf	Alarmzeichen, wenn diese Symptome dazukommen	Mögliche Diagnose; Behandlung durch den Tierarzt nötig
Lustloses Verhalten, Vermeiden von Kontakt (kann vorübergehende Unpäßlichkeit sein).	Taumeln, Zittern, vom Ast fallen.	Mögliche Infektion.
Verweigerung der Nahrung (kann vorübergehende Unpäßlichkeit sein).	Krämpfe – auch nur partiell.	Vitaminmangel, Tumor.
Gegenstände mit aufgewürgten Körnern füttern (mögliche Balzhandlung am Ersatzobjekt).	Schleim ausschleudern, verklebtes Gefieder und verklebte Nasenlöcher.	Kropfentzündung.
Schweres Atmen, häufiges Gähnen (Bewegungsmangel, Fettleibigkeit möglich).	Piepsende, pfeifende Atemgeräusch, Vogel hängt mit Schnabel am Gitter, um bei gestreckter Luftröhre zu atmen.	Lungenentzündung, Schilddrüsenerkrankung.
Häufiges Niesen (zum Beispiel durch zu trockene Luft oder Putzmittel verursacht).	Niesen mit ausfließendem Nasensekret.	Schwere Erkältung, Beginn anderer Krankheit.
Breiiger und flüssiger Kot über 1 – 2 Stunden (Aufregung, kalte Nahrung, kaltes Badewasser, Umgebungswechsel, Einsamkeit, Trauer).	Kot ist schäumend, auffallend verfärbt, Durchfall.	Alarm! Begleiterscheinung vieler Erkrankungen.
Angestrengtes Pressen ohne Kotabsatz.	Schmerzenslaute.	Verstopfung; Darmverschluß; Legenot beim Weibchen möglich.
Humpeln, Nachziehen eines Beins, Flügel hängt (leichte Prellung durch Aufprall).	Bein oder Flügel hängt kraftlos herab.	Knochenbruch.
Verdickung unter der Haut oder der Bürzeldrüse.		Tumor, andere Geschwulst.
Blutungen aus Kloake (After) oder Wunden.		Innere Blutungen, verletztes Blutgefäß.
Unruhiges Nesteln am Gefieder, ständiges Kratzen (Nervosität).	Gewichtsverlust, stumpfes Gefieder, Federrupfen.	Milben oder anderes Ungeziefer, psychische Störung.
Schwammartige, bräunliche Wucherung am Schnabel, Wachshaut, Füßen.		Kleinstmilben, ansteckend für Vogelpartner, (Sittichräude).
Viele Federn fallen aus, (→ Mauser, Seite 46).	Ständige Mauser; Kahle Körperstellen.	Milben, Ernährungs- oder Hormonstörung.
Zu langer Oberschnabel, zu lange Krallen.	Behinderung beim Essen; Hängenbleiben mit den Zehen.	Korrektur erforderlich.

Fragen, die der Arzt stellen wird

- Wie alt ist der Nymphensittich?
- Wann machte er zum erstenmal einen kranken Eindruck?
- Was fiel Ihnen besonders auf?
- War der Vogel früher schon einmal krank?
- Wer hat ihn mit welchen Medikamenten behandelt, wie war die Diagnose?
- Welche Körnermischung bekommt der Vogel? (Unbedingt eine Probe davon mitnehmen.)
- Was bekommt er zu trinken?
- Was hat er in letzter Zeit an Gemüse und Obst zu sich genommen?
- Könnte er an giftigen Substanzen geknabbert haben?
- Welche Tiere leben noch mit ihm zusammen?
- Ist ein Mensch aus der Familie krank?

Das Gespräch mit dem Tierarzt

Der Kot wird meist sofort oder bis zum nächsten Tag untersucht. Läßt sich die Krankheitsursache daraus nicht ermitteln, wird der Arzt seiner Vermutung gemäß mit einer Spritze oder einem Medikament zu helfen versuchen. Lassen Sie sich alles genau erklären, vor allem, wenn er Ihnen die Untersuchung von Schleim-, Haut- oder Gewebeproben vorschlägt. Befragen Sie den Tierarzt genau, ob die vorgeschlagenen Behandlungen unumgänglich notwendig sind, welche Aussichten auf Erfolg sie haben und ob sie für den Vogel schmerzhaft sein werden. Erkundigen Sie sich, ob es noch andere Behandlungsmöglichkeiten gibt. Lassen Sie sich die eventuellen Folgen erklären, wenn Sie einen operativen Eingriff ablehnen.

Wenn Medikamente nötig sind

Halten Sie sich bei einer Behandlung mit Medikamenten exakt an die Vorschriften des Arztes bezüglich der

So schneidet man zu lange Krallen richtig. Die schwach durchscheinenden Blutgefäße im Krallenhorn dabei nicht verletzen! Wenn Sie die Kralle vor eine Lampe halten, sehen Sie die Blutgefäße besser.

Dosis, der Behandlungsdauer und des Eingebens. Flüssige oder pulverisierte Mittel streut oder tropft man auf die Körner oder ins Trinkwasser (Medikamente in Tablettenform zerdrücken). Im letzten Fall darf der Vogel aber keine Möglichkeit haben, seinen Durst anderweitig zu stillen, indem er an einen tropfenden Wasserhahn gelangt oder statt zu trinken Gemüse und Obst ißt. Müssen Sie dem Vogel das Mittel eingeben, umhüllen Sie ihn lose mit einem Frotteetuch und drücken ihn sacht so gegen sich, daß das Köpfchen leicht zurückneigt. Träufeln Sie die vorgegebene Dosis neben die Zunge.

Infrarotbestrahlung

Einen Infrarot-Dunkelstrahler von 150 bis 250 Watt 40 cm vom Käfig entfernt so aufstellen, daß nur eine Käfighälfte bestrahlt wird. So kann Ihr Sittich der Wärmequelle ausweichen, wenn es ihm zu warm wird. Während des Bestrahlens für genügend Trinkwasser sorgen und in der Nähe des Käfigs eine Schüssel mit dampfendem Wasser aufstellen, damit genügend Luftfeuchtigkeit entsteht. Wenn nötig, den Strahler zwei Tage in Betrieb lassen und nach eintägiger Pause erneut einschalten. Geht es dem Vogel dann sichtlich besser, den Abstand des Strahlers allmählich vergrößern, damit die Temperatur nur langsam absinkt. Auch nach der Bestrahlung für gleichmäßige Wärme sorgen und jede Zugluft vermeiden.

Die Papageienkrankheit

Früher war die Papageienkrankheit gefürchtet, weil sich auch Menschen an ihr anstecken können und sie manchmal tödlich verlief. Inzwischen gibt es wirksame Medikamente dagegen, so daß Menschen und Vögel bei rechtzeitiger Behandlung geheilt werden können. Wegen dieser Krankheit wurde

Nymphensittiche gelten als die schnellsten Flieger der australischen Vogelwelt.

die Quarantäne für eingeführte Papageien angeordnet, weil man meinte, die Krankheit gäbe es nur bei ihnen. Heute weiß man, daß auch einheimische Singvögel und Hausgeflügel daran erkranken können. Die Krankheit heißt auch nicht mehr Psittakose – nach den Papageien –, sondern Ornithose (Ornithologie = Vogelkunde).

<u>Krankheitsanzeichen:</u> Keine charakteristischen Symptome. Erkrankte Vögel sind apathisch, scheiden zu weichen, oft mit Blutspuren versehenen Kot aus, haben Schnupfen und leiden unter Atemnot. Oft zeigt sich auch eine Bindehautentzündung mit schleimigen Absonderungen der unteren Augenlider. Alle diese Symptome können einzeln oder gemeinsam auftreten.

<u>Behandlung:</u> Sofort zum Tierarzt! Eine Kotuntersuchung kann den Verdacht auf Ornithose ausschließen. Diese Erkrankung ist meldepflichtig. Der Tierarzt wird Ihnen sagen, was zu tun ist. Beachten Sie dazu bitte unbedingt die »Wichtigen Hinweise« auf Seite 63!

Wenn es dem Vogel zu warm ist, öffnet er den Schnabel, um sich Kühlung zu verschaffen.

Schnabel und Wachshaut des Vogels sind von der Sittichräude befallen.

Federmißbildung

<u>Krankheitsanzeichen:</u> Schwung-, Schwanz- und kleine Federn bleiben in der sie umhüllenden Scheide stecken, nur ein kleiner Pinsel entfaltet sich. Die Federn können sich auch in halber Höhe verjüngen und um den Schaft drehen. Federmißbildung kommt vor allem bei älteren Nymphensittichen vor. Besonders anfällig ist die Federhaube. Deren Federn wachsen nach der Mauser nicht mehr recht nach oder sind verformt, kümmerlich und fallen bald wieder aus.

<u>Mögliche Ursache:</u> Meist Viren. Federmißbildung kann aber auch durch Mangelerscheinungen, Hormonstörungen, schlechte Durchblutung oder Federbalgzysten ausgelöst werden.

<u>Behandlung:</u> Der Vogel muß in jedem Fall zu einem Tierarzt mit einschlägiger Erfahrung gebracht werden.

Federrupfen

Nur wenige Nymphensittiche verfallen dieser »Untugend«, meist werden vor allem große Papageien davon geplagt.

<u>Krankheitsanzeichen:</u> Der Vogel rupft mit dem Schnabel so lange am Gefieder, bis sich kahle und blutige Stellen bilden.

<u>Mögliche Ursache:</u> Viele Ornithologen führen diese zerstörerische Sucht auf seelische Ursachen zurück, andere meinen, die Vögel würden beim Putzen des Gefieders nach der Flüssigkeit süchtig, die in den Federkielen steckt.

<u>Behandlung:</u> Leider gibt es keine wirksame Abhilfe. Am leichtesten gelingt eine Besserung, wenn das Rupfen auf seelische Störung zurückzuführen ist, etwa wenn es während des Urlaubs der Pfleger begann und sie sich nach ihrer Rückkehr viel mit dem Sittich beschäftigen. Meist sind die Gründe jedoch nicht so eindeutig und gehen mit anderen gesundheitlichen Störungen einher. Ein federrupfender Nymphensittich sollte umgehend zu einem Tierarzt mit einschlägiger Erfahrung gebracht werden.

Die Mauser

Sie ist keine Krankheit, aber für ältere Nymphensittiche oft eine Belastung, während der sie besonders wertstoffreich ernährt werden, gleichmäßige Wärme und Ruhe genießen sollten. Die Mauser dient der Erneuerung des Gefieders. Die Vögel verlieren dabei viele Federn. Sie wachsen je nach Größe in wenigen Tagen oder ein bis zwei Wochen wieder nach. Während dieser Zeit nesteln die Vögel vermehrt am Gefieder, was sich vom üblichen »Putzen« sichtlich unterscheidet. Ist die Mauser besonders stark, kann es vorübergehend zur Flugunfähigkeit kommen. Ist dies der Fall, können Sie durch starke Zweige dafür sorgen, daß Ihr Sittich auch kletternd alle seine »Stammplätze« erreichen kann.

Der Kot

Er gibt Auskunft über das Befinden eines Nymphensittichs. Ist der Vogel gesund und fühlt sich wohl, setzt er ungefähr alle 15 bis 20 Minuten Kot ab. Dieser ist zwar weich und geformt, aber nicht flüssig. Die sensiblen Nymphensittiche reagieren aber auf geringfügige Ereignisse mit veränderter Konsistenz des Kots. Es kann vorkommen, daß die Exkremente nach dem Baden oder nach einem Erschrecken auffallend wäßrig sind, auch nach dem Genuß von viel Frischkost können sie recht weich erscheinen. Doch hält dieser Zustand in gesunden Tagen nur einige Stunden an, danach ist alles wieder normal. Bleibt der Kot über Tage weich bis wäßrig, Tierkohle über die Körner streuen. Fallen aber schleimige oder blutige Anteile im Kot auf, ist dies ein Alarmzeichen.

Wenn Ihre Vögel Nachwuchs bekommen

Wo soll die Vogelfamilie leben?
Wenn Sie sich wünschen, daß Ihre Nymphensittiche Junge bekommen, bedenken Sie bitte, daß Sie ungefähr zwölf Wochen lang eine Vogelfamilie beherbergen müssen, die genügend Platz braucht. Solange die Kleinen noch im Nistkasten sind, genügt der Käfig, an den die Vogeleltern gewöhnt sind. Doch wenn die Jungen das Nest verlassen, kehren sie nicht in den Kasten zurück, müssen aber noch mindestens zwei Wochen von den Eltern gefüttert werden und brauchen genügend Flugraum. Deshalb wäre es von vornherein besser, die größte Zimmervoliere, die der Zoofachhandel anbietet, oder eine 2 m lange Freivoliere mit Schutzhaus als Platz für die Familiengründung auszuwählen, sie mit einem Brutkasten auszustatten und das brutwillige Paar dorthin umzusiedeln.

Ist Ihr Pärchen echt?
Wenn Ihre Nymphensittiche als Jungvögel zu Ihnen kamen, wird sich nach einem Jahr eindeutig erkennen lassen, ob es sich wirklich um ein Männchen und ein Weibchen handelt.
Sicheres Zeichen für Männchen: Der leuchtend rote Wangenfleck.
Sicheres Zeichen für Weibchen: Die hell gezeichneten Federn der Unterschwanzdecke, die dem Männchen fehlen.

Das richtige Brutalter
Obgleich Nymphensittiche mit etwa neun Monaten geschlechtsreif sind, sollte man sie nicht vor Beendigung des ersten Lebensjahres brüten lassen, weil sie vorher noch zu ungeschickt sind. Selbst wenn es zu befruchteten Eiern und zur Brut kommt, sterben die Jungen meistens nach wenigen Tagen, weil die Eltern noch nicht richtig füttern können.

Der richtige Nistkasten
Der Zoofachhandel bietet quer- und hochformatige Nistkästen für Nymphensittiche an, handwerklich geschickte Vogelhalter können den Nistkasten aber auch selber zimmern.
So soll der Nistkasten aussehen: Seine Bodenfläche muß aus etwa 3,5 cm dikkem Hartholz bestehen und 38 x 26 cm groß sein. Der gleich große aufklappbare Deckel kann wie die Seitenwände aus dünnerem Weichholz bestehen. Die Seitenwände sollten eine Höhe von 38 bis 46 cm haben. Das Einschlupfloch muß einen Durchmesser von 8 cm haben, darunter soll sich eine Anflugstange oder ein Brettchen befinden, und im Innern des Kastens brauchen die Vögel eine längs verlaufende Sitzstange. Die Nestmulde mit einem Durchmesser von 12 bis 15 cm wird auf der dem Einschlupfloch gegenüberliegenden Seite plaziert. Bei hochformatigen Nistkästen bringt man unter dem Einschlupfloch im Innern eine Kletterhilfe an.
Einstreu: Bedecken Sie den Boden des Nistkastens mit einer 4 cm hohen Schicht aus feuchtem Torf und Sägespänen. Nach dem Schlüpfen der Küken können Sie dann täglich den Kot entfernen und etwas neues Material einstreuen.

Die ideale Größe des Nistkastens ist etwa 26 x 38 x 46 cm. Aber auch in etwas kleineren Kästen brüten Nymphensittiche erfolgreich.

47

Schon nach dem 18. Lebenstag zeigt sich der rote Wangenfleck.

<u>Anbringen des Nistkastens:</u> Hängen Sie den Nistkasten nur so hoch an eine Wand der Voliere oder des Käfigs, daß Sie ohne Schwierigkeiten ab und zu hineinschauen können.

Verlobung und Balz

Wer Gelegenheit hat, eine kleine Schar von Nymphensittichen in einer großen Freivoliere zu beobachten, kann miterleben, wie sich ein Paar zu lebenslanger Bindung zusammenfindet. Von auffallend verträglicher Gemütsart, leben Nymphensittiche friedlich in einer Schar und dulden auch verwandte Arten wie Stanley- oder Wellensittiche um sich. Unbeliebte Artgenossen werden ignoriert, kaum verfolgt oder angegriffen. Nur auf zu engem Raum können einander fremde Vögel sich feindselig begegnen, doch kommt es auch dann nur selten zu Verletzungen. Innerhalb der Schar versuchen unverpaarte Sittiche, einen Partner zu gewinnen. Als Volierenvogel kann ein lediger Nymphensittich aus Mangel an Gelegenheit auch einem bereits verpaarten Vogel innig den Hof machen und muß dann die Angriffe des entsprechenden Partners erdulden, denn Rivalen werden konsequent vertrieben. Finden aber zwei freie Sittiche verschiedenen Geschlechts Gefallen aneinander, so sitzen sie zunächst häufig nahe beisammen. Beginnt dann einer von beiden immer näher zu rutschen, ohne daß der andere ausweicht, so ist das als Verlobung zu werten. Von nun an werden die beiden immer zusammensein, zur gleichen Zeit schlafen, essen, das Gefieder pflegen. Sehr bald beginnt das Männchen, vorsichtig seine Braut immer wieder mit dem Schnabel zu berühren, bis er sich traut, ihr das Köpfchen zu kraulen. Eines Tages ist dann der Balzgesang des Männchens zu hören – ein melodisch-rhythmisches Pfeifen, das die Bindung festigt. Außerdem trommelt das Männchen mit gespreizten Flügeln häufig mit dem Schnabel fast wie ein Specht auf Holz, um seinem Weibchen zu imponieren. Manchmal umkreist er es trippelnd mehrmals mit aufgestellter Federhaube und leicht abgehobenen Flügeln. Dann wieder fliegt das Männchen in flachen Schleifen durch den Raum und wechselt dabei oft in kunstvollen Kurven die Richtung. Wieder bei seinem Weibchen gelandet, verneigt es sich tief mit ausgebreiteten Flügeln, gespreiztem Schwanz und pfeift dabei.

Hochzeitliche Folgen
Das Weibchen scheint die Balz seines Männchens ungerührt hinzunehmen, doch letztlich setzt es sich in waagerechter Haltung, mit seitlich gerichtetem Schwanz, dicht neben den Partner und fordert ihn zur Hochzeit auf. Das Männchen steigt auf den Rücken des Weibchens und läßt seine Schwanzfedern so unter denen des Weibchens

kreuzen, daß sich beider Kloaken berühren (→ Zeichnung, unten). Die männlichen Spermien gelangen dabei in die weiblichen Geschlechtsorgane und befruchten die Eier. Während der geschlechtlichen Vereinigung geben die Vögel ein leicht singendes Glucksen oder zarte Quietschtöne von sich.

Während das Nymphensittich-Männchen beim Begatten sein Weibchen besteigt, berühren sich die Kloaken beider Vögel, wodurch es zur Befruchtung kommt.

Manchmal läßt das Männchen auch ein leises Knurren hören, das beschwichtigend klingt. Danach schütteln die Vögel ihr Gefieder und beginnen sich zu putzen. Hat sich das Paar zuvor schon mehrmals im Nistkasten aufgehalten, wird nun auch bald das erste Ei darin liegen. Im Abstand von jeweils zwei Tagen folgen weitere, bis das Gelege aus vier bis sechs Eiern zu je 5 bis 7 g besteht.
Mein Tip: Auch alleingehaltene Nymphensittich-Weibchen legen mitunter

Z war werden Nymphensittiche bereits mit 9 Monaten geschlechtsreif, es ist aber nicht empfehlenswert, sie dann auch gleich brüten zu lassen. Häufig können sie in diesem Alter ihre Elternpflichten noch nicht bewältigen. Erst mit etwa 12 Monaten dürfte einem erfolgreichen Brutverlauf und einer problemlosen Aufzucht der Jungvögel nichts mehr im Wege stehen.

Eier, die natürlich unbefruchtet sind. Lassen Sie das Weibchen die Eier im Käfig bebrüten, bis es das Gelege von selbst aufgibt, es reagiert dabei seinen unbefriedigten Bruttrieb ab. Nimmt man ihm die Eier einfach weg, kommt es meist zu weiteren Eiablagen, die den Vogel unnötig schwächen.

Beide Eltern brüten

Daß sich beide Eltern an der Brut beteiligen, haben Nymphensittiche mit den Kakadus gemeinsam, während das von anderen Papageien nicht bekannt ist. Aus diesem Grund gehört das Füttern des Weibchens bei den Nymphensittichen nicht zum Ritual der Werbung und Partnerbindung, obgleich das Männchen sein Weibchen gelegentlich auch einmal füttert. Nach dem zweiten Ei beginnt das Paar mit dem Brüten. Das Weibchen sitzt während der Nacht, das Männchen tagsüber auf den Eiern. Beide Vögel halten sich aber auch gemeinsam im Kasten auf und verlassen ihn häufig zusammen, um zu essen oder sich zu strecken. Es dauert 21 Tage, bis die Küken in der Reihenfolge der Eiablage schlüpfen. Bis dahin sollten

Ungefähr 18 Tage als ist dieser kleine Nymphensittich. Fühlt er sich bedroht, stellt er fauchend sein Häubchen auf und wiegt sich seitlich hin und her.

Die Entwicklung der Jungen auf einen Blick

<u>1. bis 3. Tag:</u> Küken wiegt 4 bis 5 g, ist etwa 3 cm lang, hat geschlossene Augenlider und schwefelgelbe Erstlingsdaunen. Das Köpfchen ist kahl, Haut, Schnabel, Wachshaut, Füße und Krallen sind rosafleischfarben.
<u>4. Tag:</u> Die Augen beginnen sich zu öffnen.
<u>5. Tag:</u> Küken wiegt 15 g. Bettelt seine Eltern mit »tzitt, tzitt« an.
<u>10. Tag:</u> Die Augen sind völlig geöffnet. Erste Blutkiele sind zu sehen. Küken kann das Köpfchen heben, leicht trippeln und hörbar zischen.
<u>11. Tag:</u> Küken wiegt 37 g. Die Schnabelspitze färbt sich dunkel.
<u>12. Tag:</u> Der Eizahn fällt ab.
<u>15. Tag:</u> Nestling wiegt 45 g. Ober- und Unterschnabel sind hart.
<u>18. Tag:</u> Der Wangenfleck wird sichtbar. Küken stellt bei Gefahr die Haube auf, spreizt die Flügel ab und faucht.
<u>21. Tag:</u> Nestling wiegt 60 g. Die gelben Daunen werden durch bleibende graue ersetzt.
<u>28. bis 35. Tag:</u> Nestling wiegt 80 g. Das Gefieder ist vollständig ausgebildet, aber matter gefärbt als das der Eltern. Der Jungvogel verläßt den Brutkasten und kann fliegen.
<u>38. bis 42. Tag:</u> Jungvogel beginnt allmählich selbständig zu essen, wird aber noch weitere 2 Wochen vorwiegend vom Vater gefüttert.
<u>48. Tag:</u> Die großen Federn sind völlig verhornt.
<u>3. bis 4. Monat:</u> Erste Mauser. Der Schnabel wird dunkelgrau.
<u>8. bis 9. Monat:</u> Jungvogel ist geschlechtsreif, das Gefieder ausgefärbt.

die Vögel wenig gestört werden und viel Frischkost (→ Ernährung, Seite 35) angeboten bekommen.

Wichtig für den Brutverlauf

• Während des Brütens brauchen die Vögel Ruhe, gleichbleibende Temperatur von etwa 22° C, frische Luft und eine Luftfeuchtigkeit von 60 %. In geheizten Räumen stellt man einen Luftbefeuchter auf oder Gefäße, mit Wasser gefüllt und mit Gittern sorgfältig zugedeckt.

• Bei der Nestkontrolle stets warten, bis beide Eltern den Kasten verlassen haben. Brütende Nymphensittiche sind unerhört aggressiv und greifen mit ihrem kräftigen Schnabel dann auch vertraute Menschen an.

• Die Eier gegen eine Glühbirne halten; befruchtete Eier schimmern bläulich und wirken dunkler als unbefruchtete, die hell und durchsichtig sind.

• Unbefruchtete Eier nur entfernen, wenn das Gelege aus mehr als vier Eiern besteht. Die Vögel wären durch eine zu große Veränderung irritiert und könnten die Brut aufgeben.

• Durch Kot verschmutzte Eier nicht abwischen oder waschen, das könnte den Embryos schaden, außerdem schützt eine natürliche wachsähnliche Schicht auf den Eiern die Embryos vor Infektionen.

• Sind die Küken geschlüpft, muß das Nest täglich kontrolliert werden, denn es kann vorkommen, daß ein Küken stirbt. Seine rasche Verwesung würde die Nestgeschwister gefährden; es muß sofort entfernt werden.

• In den ersten Tagen nach dem Schlüpfen geben die Nestlinge nur wenig Kot ab. Doch mit dem Wachsen der Jungen verschmutzt das Nest erheblich und gefährdet die Gesundheit der Küken und der Eltern. Deshalb etwa ab dem sechsten Tag nach dem Schlüpfen des ersten Kükens täglich – in Abwesenheit der Eltern – die Küken behutsam in ein mit Papiertaschentüchern ausgepolstertes Körbchen setzen, den Kot aus dem Nest entfernen, frischen Torf, mit Sägespänen gemischt, einstreuen und die Kleinen zurücksetzen.

Bei den Nymphensittichen brüten beide Eltern und füttern auch die Nestlinge gemeinsam. Sind die Jungen flügge, füttert sie vor allem der Vater noch einige Zeit, während die Mutter bereits erneut Eier legt.

• Sollten die Vogeleltern hartnäckig bei den Küken bleiben, wenn Sie das Nest säubern wollen, werden Sie von den Vögeln feindselig angefaucht. Wenn Sie die Sittiche jedoch vorsichtig mit einem Stöckchen vertreiben, verlassen sie den Kasten und beobachten Sie unter Protestgeschrei.

• Während der Nestlingszeit den Vogeleltern zusätzlich Aufzuchtnahrung aus dem Zoofachhandel anbieten und weiterhin viel Frischkost (→ Seite 37). Nicht vergessen: Auch wenn das Pärchen nur einmal brüten soll, muß die Brut beim Ordnungs- oder Gesundheitsamt gemeldet werden.

Nymphensittiche verstehen lernen

Was ein Nymphensittich kann

Im Zusammenleben mit Ihrem Sittich haben Sie bestimmt bemerkt, wie vielen verschiedenen Situationen er gewachsen ist, wie er für ihn schwierige Dinge meistert, obgleich sich doch seine Umgebung so gründlich von seinem natürlichen Lebensraum unterscheidet. So kann ein Nymphensittich Stunde um Stunde in seinem Käfig unverwandt auf das Käfigtürchen starren. Er hat bereits begriffen, hier geht es hinaus, aber es muß offen sein. Eines Tages wird er dann mit dem Schnabel das Türchen genau untersuchen und folgerichtig am Verschluß herumprobieren. Je nach Tauglichkeit der Mechanik gelingt es

Die gegenseitige Gefiederpflege – vor allem im Kopfbereich – dient nicht nur der Hygiene, sondern insbesondere der Paarbindung.

dabei vielen Nymphensittichen, das Türchen zu öffnen, und das bleibt im Gedächtnis haften. Ein weiteres Beispiel für den Erfindungsreichtum der Nymphensittiche: Ein mir bekannter Vogel war sich viel selbstüberlassen, aber er lebte immerhin frei in einem sehr großen Raum und hatte einen vielverzweigten Kletterbaum.

Der Raum führte ohne Tür über eine Treppe in einen höher gelegenen. Das Treppengeländer war aus Messing. Angezogen vom glänzenden Metall, saß der Sittich gern darauf und beschnäbelte es. Gern schritt er auch langsam auf dem Geländer nach oben. Meist flog er dann von oben wieder hinunter und begann den Aufstieg erneut. Bis er eines Tages dort oben verweilte, sich auf einmal quer zum Verlauf des Geländers setzte und auf beiden Füßen in schnellem Rutsch nach unten sauste. Dies gefiel ihm offenbar, denn seither gehört dieser Rutsch zu seinem Tagesprogramm. Und Lucy wiederum erfand das Karussell: Am Kletterbaum meiner Sittiche hing ein ziemlich langes, etwa 2 cm dickes Seil, an dem die Vögel gern kletterten. Lucy flog das untere Ende des Seils an und drehte sich flügelschlagend viele Male um sich selbst. War das Seil der vielen Windungen wegen dann ganz kurz, hielt sie still und ließ sich am Seil herumwirbeln, bis dieses wieder glatt war. Aron hat das immer aufmerksam beobachtet, doch hat er nie versucht, es nachzumachen. Mir bekannte Züchter von Nymphensittichen erzählten mir unabhängig voneinander, daß ihre Sit-

Im Flug kommen die weißen Flügelbinden zur Geltung.

tiche in der Voliere immer dann stunden-, ja oft sogar tagelang gemeinsam laut schrieen und riefen, wenn einer der Vögel entkommen war. Einige Male kam der Ausreißer den Rufen folgend wirklich zurück, woraufhin das Schreien sofort aufhörte. War aber einer der Vögel gestorben, erhoben die Sittiche ihre Stimme nicht, sondern waren eher stiller als sonst. Das alles beweist, Nymphensittiche sind mit vielen Fähigkeiten ausgerüstet, die sie brauchen, um den harten Lebensbedingungen in Austra-

lien gewachsen zu sein. Körpersprache, stimmliche Äußerungen und sinnliche Fähigkeiten ermöglichen nicht nur das friedliche Zusammenleben einer Schar, sondern sichern auch das Überleben bei Gefahr und bei unwirtlichem Nahrungsangebot.

Typische Bewegungen
Beine strecken: Von Zeit zu Zeit muß ein Nymphensittich ein Bein und auch den gleichseitigen Flügel nach hinten strecken. Beim Zurückziehen des Beins

Was die Federhaube verrät

Liegt die Haube fast waagerecht mit leicht nach oben zeigenden Spitzen, befindet sich der Vogel in ruhiger, zufriedener Gelassenheit.

Steht die Federhaube senkrecht auf dem Köpfchen des Nymphensittichs, ist er aktiv, an seiner Umgebung interessiert und unternehmungslustig.

Ist die Federhaube straff aufgerichtet – ihre Spitzen weisen fast nach vorne –, so ist der Nymphensittich in äußerster Erregung.

Gibt die Erregung Anlaß zur Furcht, schlägt der Vogel die Federhaube straff zurück, faucht drohend mit hochgerecktem Kopf und schwankt zwischen Angriff und Flucht.

ballt er dann meist die Zehen zur Faust. Das ist eine Bewegung, die nach längerer einseitiger Haltung einer gewissen Ermüdung entgegenwirken soll.

Auf einem Bein ruhen: Das Strecken der Beine wird häufig mit dem Einziehen eines Beins ins Bauchgefieder beendet, doch muß das Strecken nicht vorausgehen. Auf nur einem Bein ruht der Vogel, wenn er gelassen und wenig aktiv ist. Auch beim Schlafen hat er meist ein Bein eingezogen.

Schnabel im Rückengefieder: Der gelenkige Nymphensittich (→ Zeichnung, Seite 11) kann sein Köpfchen um 180° drehen. Das muß er können, denn wenn er sein Gefieder pflegt, ist es nötig, alle Körperpartien mit dem Schnabel zu erreichen. Aber er dreht den Kopf auch um 180°, um seinen Schnabel im leicht geplusterten Rük-

kengefieder zu vergraben. Das ist ebenfalls eine Ruhestellung, und viele Nymphensittiche schlafen in dieser Haltung.

Anheben der Flügel: Beide Flügel werden geschlossen noch oben angehoben. Das ist eine andere Art des Sichstreckens; auch wenn es dem Vogel zu warm ist, hebt er beide Flügel nach oben und gibt beim Anheben der Flügel zusätzlich Wärme ab.

Flügel seitlich anheben: Die völlig geöffneten Flügel werden seitlich weggestreckt, wenn ein Männchen um ein Weibchen wirbt. Dabei senkt es das Köpfchen in tiefer Verbeugung, oft wird der Körper dabei noch in steile Schräglage gebracht. Wenn Ihr Nymphensittich sich vor Ihnen in dieser Haltung präsentiert, dürfen Sie sicher sein, die Liebeserklärung gilt Ihnen.

Typische Tätigkeiten

Gefiederpflege: Damit ist ein Nymphensittich mit Unterbrechungen mindestens zwei Stunden täglich beschäftigt. Im Lauf eines Tages zieht er jede seiner vielen Federn durch den Schnabel, fettet und glättet sie und entfernt zugleich Staub und Schmutz. Das Fett entnimmt er der Bürzeldrüse, die am Ende des Rückens kurz vor dem Schwanzansatz unter den Federn versteckt ist. Aus ihr holt er mit dem Schnabel Fett und verteilt es auf den Federn. Das Köpfchen reibt er direkt an der Drüse, weil er es mit dem Schnabel ja nicht pflegen kann. Dort kann er sich höchstens mit einem Fuß kratzen. Der Fuß wird dafür aber nicht einfach zum Kopf geführt, sondern unter dem Flügel hindurch nach oben.

Schütteln des Gefieders: Oft am Tag schüttelt ein Nymphensittich plötzlich so gründlich sein Gefieder, daß man es deutlich rascheln hört. So wird die Gefiederpflege abgeschlossen, um noch haftenden Staub loszuwerden und die Federn wieder in die richtige Lage zu bringen. Doch auch andere Tätigkeiten oder Stimmungen werden mit dem Schütteln des Gefieders beendet. Hat der Vogel beispielsweise soeben einen Vorgang ängstlich oder neugierig beobachtet, wird er das Gefieder schütteln, sobald die Spannung nachläßt.

Zucken mit den Maskenfedern: Die gelben Federn, die das Gesicht und die Stirn des Nymphensittichs bedecken, nennt man »Maske«. Diese Federn kann er partiell kurz pulstern, was wie ein nervöses Zucken wirkt. Sie können es beobachten, wenn der Vogel durch ein Geräusch, durch störende Lichteinwirkung oder anderes geringfügig irritiert ist.

Schnabel wetzen: Nach jeder Mahlzeit, aber auch ohne vorherige Nahrungsaufnahme, wetzt der Nymphensittich häufig seinen Schnabel am Käfiggitter, noch lieber an einem Sitzast. Dadurch hält er seinen Schnabel sauber und in Form. Deshalb ist es so wichtig, daß er hierfür Naturäste zur Verfügung hat. Oft wetzt er den Schnabel aber auch zu Ihrer Begrüßung, wenn Sie nach längerer Abwesenheit zu ihm kommen. Reiben Sie dann mit dem Fingernagel am selben Ast, fühlt sich der Vogel wie unter Artgenossen.

Gähnen: Auch Nymphensittiche gähnen, aber nicht aus Müdigkeit, sondern meist aus Sauerstoffmangel. Heimvögel sind sehr empfindlich gegen verbrauchte Luft. Wenn Sie Ihren Sittich beim Gähnen beobachten, sollten Sie gründlich lüften.

Niesen: Manchmal läßt der Vogel ein unserem Niesen ähnliches Geräusch hören. Er niest allerdings nicht aus dem gleichen Grund wie wir, sondern reinigt damit die Nasengänge. Das braucht Sie nicht zu beunruhigen. Bei Schnupfen sondert der Vogel Nasensekret ab.

Pfeifen, Rufen, Schreien: Viele Vogelfreunde beklagen die laute und oft grelle Stimme des Nymphensittichs. Das mag zeitweise für Volierenvögel zutreffen, Heimvögel äußern sich mit lautem Geschrei nur, wenn sie sich einsam fühlen und unterbeschäftigt sind. Meist sind es die armen Geschöpfe, die allein gehalten werden und noch dazu ständig im Käfig sitzen müssen. Fühlt sich ein Heimvogel jedoch wohl, ist sein stimmlicher Kontakt mit den Menschen, die ihn umgeben, oder mit dem Artgenossen angenehm, niemals störend. Vertraute Menschen werden meist mit einem freudigen Laut begrüßt, während ihnen beim Verlassen des Zimmers ein eher enttäuschter Ton gilt. Viele Nymphensittiche antworten auch, wenn sie gerufen werden. Entweder ertönt dann der Lockruf, mit dem sich Vogelpartner von unterschiedlichen

Sitzplätzen aus zum Kommen auffordern, oder ein Einzelvogel wendet für diesen Zweck einen besonderen Pfiff an. Während des Fliegens ist häufig der kurze zweisilbige Flugruf zu hören, selten dagegen der hohe einsilbige Alarmruf. Daß sie bei Gefahr oder Rivalitäten mit Artgenossen richtig fauchen, kann man schon bei den Nestlingen erleben.

Typische Fähigkeiten

<u>Sehen:</u> Nymphensittiche sehen die Welt so bunt wie wir. Verständlich, denn das farbige Federkleid vieler Vögel hat im Zusammenleben bestimmte Funktionen. Außerdem haben sie durch die seitlich angeordneten Augen fast einen »Rundumblick«, wodurch sie ein weites Sichtfeld gewinnen, Feinde auf große Entfernungen erkennen und fliehen können. Der Bereich dagegen, den beide Augen gleichzeitig wahrnehmen, ist zwar kleiner als bei uns Menschen, doch dafür kann ein Nymphensittich in der Sekunde weit über 100 Bilder aufnehmen, das menschliche Auge nur 16! Für einen schnell fliegenden Vogel ist das rasche Erkennen aller Details lebenswichtig.

<u>Hören:</u> Alle Vögel hören extrem gut. Müssen sie sich doch durch Rufe und Gesänge über weite Strecken verständigen. Sie können auch sehr differenziert hören, sie unterscheiden also geringe Frequenzbereiche. Nur dadurch können sie auf alle Stimmäußerungen eindeutig reagieren.

<u>Schmecken:</u> Bei Vögeln, die sich ausschließlich von Sämereien und Nektar ernähren, spielt das Schmecken keine besondere Rolle. Die Vogelkinder lernen jeweils von den Eltern, was genießbar ist, und essen davon. Als Heimvogel entwickelt ein Nymphensittich aber doch ausgesprochene Abneigungen gegen bestimmte Nahrungsmittel und kann auf anderes dagegen fast süchtig reagieren. Wahrscheinlich wird durch das vielseitige Angebot von Menschenhand sein Geschmack geschult.

<u>Riechen:</u> Über das Riechvermögen der Vögel ist wenig bekannt. Doch wirkt jegliche Rauchentwicklung ängstigend auf Nymphensittiche. Schon Zigarettenrauch bewirkte bei meinen Nymphensittichen, daß sie häufig nervös zuckten und dabei ein stimmhaftes »Hm« hören ließen.

Das Leben in der Natur

In Australien, der Heimat der Nymphensittiche, leben sie im Innern des Kontinents. Nur bei mangelndem Nahrungsangebot dringen sie in küstennahe Gebiete vor, meiden aber dichte Wälder. Doch sind sie nicht an bestimmte Lebensräume gebunden. Sie leben in offenen Eukalyptussavannen,

Nymphensittiche rasten bevorzugt auf den Wipfeln hoher Bäume.

Eine Schar Nymphensittiche zieht in raschem Flug über die australische Steppe.

in der Mulgastrauchsteppe sowie im wüstenhaften Spinifexgrasland. Die Lebensbedingungen sind extrem hart. Monatelang kann jeglicher Regen ausbleiben. Die Temperatur beträgt schon morgens 38 °C und klettert bis zum Mittag auf 45 °C und höher. In den heißen Mittagsstunden ruhen die Sittiche in Gruppen bis zu 50 Vögeln möglichst auf hohen Bäumen oder Sträuchern. Dabei bevorzugen sie als Sitzplätze abgestorbene Äste, da ihr graues Gefieder auf dem Grau der Äste eine hervorragende Tarnung ergibt. Sie sitzen auch stets in Längsrichtung, so daß ihre Silhouette einem Greifvogel kaum auffällt. Morgens und abends fliegen die Sittiche weite Strecken, um zu trinken. Doch sind sie am Boden äußerst scheu und landen deshalb niemals am Ufer einer Wasserstelle, sondern stets im seichten Wasser, trinken

hastig wenige Schlückchen und fliegen eilig wieder ab. An Wasserstellen kann man mitunter Schwärme von Tausenden Nymphensittichen beobachten. Sie kreisen einige Zeit über der Wasserstelle, kommen dann pfeilschnell herab und lassen sich fast senkrecht im Wasser nieder. Ihre Nahrung suchen sie in den frühen Morgenstunden und am späten Nachmittag auf dem Boden und verhalten sich dabei sehr still. Sie ernähren sich während der Trockenzeiten von Samen verschiedener Gräser und Kräuter, nehmen auch etwas Sand als Verdauungshilfe auf und Nektar, bevorzugt den der Eukalyptusblüten. Bleibt der Regen zu lange aus, wandern die Vögel in größeren Scharen Hunderte von Kilometern, bis sie Gebiete finden, in denen es wieder Nahrung und Wasser gibt.

Nymphensittich-Steckbrief
(Nymphicus hollandicus)

<u>Familie:</u> Papageien.
<u>Unterfamilie:</u> Echte Papageien.
<u>Heimat:</u> Australien.
<u>Lebensraum:</u> Strauchsteppen, Halbwüsten, entlang von Creeks (periodisch wasserführende Bäche und Flüsse) des gesamten Kontinents.
<u>Stammform:</u> Hell- bis dunkelgraues Gefieder mit weißen Flügelbinden, gelber Gesichtsmaske, rotem Wangenfleck und kleiner Federhaube.
<u>Körperlänge:</u> 29 bis 34 cm.
<u>Schwanz:</u> 14 bis 16 cm.
<u>Gewicht:</u> 80 bis 100 g.
<u>Lebenserwartung:</u> 15 bis 20 Jahre.
<u>Geschlechtsreife:</u> Im Alter von 8 bis 10 Monaten.
<u>Eier pro Gelege:</u> 4 bis 6, manchmal auch mehr.
<u>Eiablage:</u> Im Abstand von 2 Tagen.
<u>Brutbeginn:</u> Vom zweiten Ei ab, oft auch schon nach dem ersten.
<u>Brutdauer:</u> 19 bis 21 Tage.
<u>Nestlingszeit:</u> 32 bis 35 Tage.

Australiens schnellster Flieger

Die Nymphensittiche gelten als die schnellster Flieger der australischen Vogelwelt. Ihr Flug ist gleichmäßig, reißend und geradlinig. Während der Flüge lassen die Vögel ihren zweisilbigen Flugruf hören. Ihre weißen Flügelbinden sind im Flug deutlich zu sehen und dienen wohl dem Zusammenhalt der Schar. Wollen die Vögel landen, lassen sie sich wie zum Beispiel über einer Wasserstelle senkrecht nach unten fallen und bremsen erst kurz vor dem Boden ab. Die für andere Sitticharten typischen Wellenlinien beim Fliegen sind den Nymphensittichen nicht eigen.

Feinde des Nymphensittichs

Greifvögel sind die natürlichen Feinde des Nymphensittichs. Als Bewohner offener Landschaften bevorzugt er daher hohe Warten als Sitzplätze, denn so kann er den Himmel weit überblicken. Seine Scheu auf dem Boden erklärt sich aus der mangelnden Weitsicht wegen der Gräser und Sträucher. Doch neuerdings droht den Sittichen Australiens große Gefahr durch eingeschleppte und verwilderte Hauskatzen, denn gegen Bodenfeinde sind sie von Natur aus nicht mit einem Warnsystem ausgerüstet. Außerdem machen Stare, die in Australien angesiedelt wurden, den Nymphensittichen die natürlichen Nisthöhlen streitig. Ihnen jagt deren Fauchen kaum Furcht ein, die Stare siegen meist im Kampf um den Nistplatz, selbst wenn die Nymphensittiche schon fest auf dem vollständigen Gelege brüten. Ihr größter natürlicher Feind ist jedoch die oft jahrelang anhaltende Trockenheit. Ihr begegnen sie durch ein ständiges Nomadenleben, an das sie hervorragend angepaßt sind.

Gebrütet wird, wenn's regnet

Bedenkt man einerseits die langandauernden Trockenperioden in Zentralaustralien und andererseits die Tatsache, daß Nymphensittiche nur dann erfolgreich ihre Jungen ernähren können, wenn ihnen ausreichend halbreife Sämereien zur Verfügung stehen, wird klar, weshalb die Vögel es während einer Regenperiode zu drei bis vier Bruten hintereinander ohne Unterbrechung bringen. Kann es doch ein Jahr und länger dauern, ehe sich wieder gute Brutbedingungen ergeben. Erreichen die Vögel auf ihren Wanderungen Gebiete, in denen es regnet, regt sich in ihnen alsbald der Bruttrieb.
Die Männchen beginnen mit der Balz und zeigen ihren Weibchen mögliche

Nistplätze. Lehnt das Weibchen den ersten Vorschlag ab, sucht das Männchen eifrig weiter, bis eine Höhle gefunden ist, die dem Weibchen zusagt. Meist werden wiederum Astlöcher in abgestorbenen Bäumen bevorzugt. Doch herrscht im Brutgebiet reges Treiben, auch unzählige Wellensittiche nutzen die Regenperioden zum Brüten. So gibt sich manches Nymphensittichpärchen auch mit einer nach oben hin offenen Bruthöhle zufrieden. Nistmaterial wird nicht eingetragen. Durch das eventuelle Vertiefen der Nistmulde, die Verbesserung des Innenraums und die vielleicht nötige Vergrößerung des Einfluglochs wird Mulm produziert, der dann die Nestmulde bedeckt. Wie auch als Heimvogel legt das Weibchen jeden zweiten Tag ein Ei. Das Gelege hat bei reichlichem Nahrungsangebot bis zu sieben Eier. Tagsüber brütet das Männchen, nachts das Weibchen. Der nichtbrütende Partner nutzt die Stunden für die Nahrungssuche und bewacht die Bruthöhle aus nächster Nähe.

Regnet es andauernd, bringt die Feuchtigkeit Gräser und Kräuter in wenigen Tagen erneut zum Sprießen. Bis die Küken nach 21 Tage schlüpfen, stehen dann ausreichend halbreife Sämereien zur Verfügung, die unerläßliche Nahrung für die heranwachsenden Nestlinge. Der anfallende Kot wird von Insektenmaden oder einer Ameisenart wegtransportiert und verzehrt. Die Nestlinge entwickeln sich in der freien Natur ebenso wie Heim- oder Volierenvögel.

Das Leben in der Schar

Haben die Nestlinge die Bruthöhle verlassen, sind sie flugfähig und kehren nicht mehr dorthin zurück. Sie lernen allmählich durch Nachahmung, sich selbständig zu ernähren, werden jedoch auch weiterhin von ihren Eltern gefüttert. Beginnen diese mit dem nächsten Gelege, läßt die elterliche Fürsorge mit den zunehmenden neuen Brutpflichten nach, doch etwa zwei Wochen lang fühlen sich die Vogeleltern noch für ihre ersten Vogelkinder verantwortlich. Die sich dann selbst überlassenen Jungvögel eines Brutgebiets schließen sich zu einer Schar zusammen, trainieren ihre körperlichen Fähigkeiten durch Klettern, ausgedehnte Flüge und entdecken so ihre Umwelt.

Wenn Regen fällt, kann man die Vögel kopfunter mit ausgebreiteten Flügeln an den Ästen hängen sehen. Sie genießen dann das Regenbad, denn an den Wasserstellen trinken sie stets nur eilig, für ein Bad fehlt ihnen dort die Sicherheit.

In der Gemeinschaft üben die jungen Vögel auch alle sozialen Verhaltensweisen, die zwar angeboren sind, aber doch erprobt werden müssen.

Erste Balzversuche: Noch ehe die Jugendvögel mit etwa neun Monaten die erste Mauser hinter sich bringen, üben sie sich bereits in der Balz. Die Jünglinge zeigen den jungen Weibchen mögliche Nistplätze und versuchen wieder und wieder dem auserkorenen Weibchen so nahe wie möglich zu sein. Mag dieses jedoch das werbende Männchen nicht, wird es seine Nähe nicht dulden und es mit Hackbewegungen vertreiben. Duldet es aber seine Nähe, steht der baldigen »Verlobung« nichts mehr im Wege.

Obgleich sich die Männchen schon dezent mit den arteigenen Balzspielen produzieren, zur geschlechtlichen Ver-

Einige Ornithologen ordnen den Nymphensittich der Familie der Kakadus zu, da er einiges mit den Kakadus gemein hat: So die Federhaube und vor allem die Tatsache, daß sich bei beiden Arten Männchen wie Weibchen an der Brut und der Aufzucht der Jungen beteiligen.

Den Naturast benutzt der Vogel gerne als Sitzplatz.

wandern die Nymphensittiche in kleineren Gruppen bis zu 50 Vögeln weiter. Dabei bleiben kleine Familienverbände bestehen. Die Brautpaare halten von nun an lebenslang zusammen und schließen sich irgendeiner Schar an. Noch »unverlobte« Jungvögel finden ihren Partner möglicherweise beim Zusammentreffen mit anderen Nymphensittichen. Doch sind die meisten Vögel bereits verpaart, wenn sie erneut in regenreiche Gebiete kommen und müssen dann nicht erst mit vorsichtigem Werben kostbare Zeit verlieren.

<u>Wie verstehen sie sich untereinander?</u> Nymphensittiche erkennen sich nicht nur als Artgenossen, sondern sie kennen die Mitglieder ihrer Schar sowie ihren Partner auch persönlich, das heißt als Individuum.

Stimmlich verständigen sie sich durch ihre Rufe, deren unterschiedliche Bedeutung sie von Geburt an gelernt haben. Sie hören aber im Lockruf beispielsweise nicht nur »Wir sind hier, wo bist du?«, sondern sie hören an den feinen Nuancen des Rufens auch den Artgenossen als Individuum heraus. Noch viel wichtiger sind diese Nuancen der Verständigung während der aktiven Phasen des Brütens. Da heißt es, das Leben im Brutgebiet ohne störende Aggressionen zu meistern und außerdem noch die Zweisamkeit der einzelnen Paare zu respektieren.

einigung kommt es erst nach der Geschlechtsreife der Vögel, die ungefähr mit der Jugendmauser zusammenfällt. Doch die bereits geschlossenen »Verlobungen« haben Bestand. Sichtbares Zeichen der Zusammengehörigkeit ist die gegenseitige Gefiederpflege und das stete Beisammensein des Pärchens.

<u>Auf neuen Nomadenzügen:</u> Bricht die große Brutgemeinschaft eines Tages auf, weil die Vegetation nachläßt, um neue, wirtlichere Gebiete zu finden,

Paradiesisch

Das schönste Grün und die prächtigsten Blüten: Die GU Pflanzen-Ratgeber erklären vorbildlich, wie man's schafft. Mit präzisen Pflegeanleitungen von Experten und brillanten Farbfotos.

Weitere Titel aus dieser Reihe:

◆ Bambus in Haus und Garten
◆ Begonien für Zimmer, Balkon und Garten
◆ Begrünen von Haus und Balkon
◆ Grünpflanzen fürs Zimmer
◆ Kakteen
◆ Kübelpflanzen
◆ Küchenkräuter biologisch ziehen
◆ Orangen, Zitronen und andere Citruspflanzen
◆ Palmen
◆ Zimmerpflanzen-Pflege
◆ Große GU Pflanzen-Ratgeber „Zimmerpflanzen" und „Balkon- und Kübelpflanzen"

Irrtum und Änderung vorbehalten. Stand: 3/92 · vwi

❚ DM 14,80

DM 16,80

❚ DM 16,80

❚ DM 14,80

DM 19,80

Sachregister

Die **halbfett** gesetzten Seitenzahlen verweisen auf Farbfotos und Zeichnungen. U = Umschlagseite.

Adressen, die weiterhelfen

AZ (Vereinigung für
Artenschutz, Vogelhal-
tung und Vogelzucht)
Geschäftsstelle: Helmut
Uebele, Postfach 1168,
7150 Backnang

Fragen zur Tierhaltung beantworten:
Ihr Zoofachhändler
Zentralverband Zoologi-
scher Fachbetriebe
Deutschlands e. V.;
Postfach 1420, 6070
Langen, Telefon
(06103) 23095

Bücher und Zeit-schriften, die weiterhelfen

Bücher
Ebert, Uta: *Vogelkrank-
heiten.* Verlag M. und
H. Schaper, Hannover
Immelmann K.; Vogels D.:
*Die australischen Platt-
schweifsittiche.* Neue
Brehm Bücherei, Urania
Verlag, Leipzig

Robiller, Franz: *Vogelkä-
fige und Volieren.*
Augustus Verlag, Augs-
burg
Schnabl, Hermann: *Wild-,
Kulturpflanzen, Futter-
mischungen und anima-
lische Futterstoffe zur
Vogelernährung.*
Albrecht Philler Verlag,
Minden (vergriffen).

Zeitschriften
Die Gefiederte Welt.
Eugen Ulmer Verlag,
Stuttgart
Die Voliere. Verlag M.
und H. Schaper,
Hannover

Wichtige Hinweise:
Menschen, die an einer Feder- beziehungsweise
Federstauballergie leiden, sollten keine Vögel halten.
Fragen Sie im Zweifelsfall vor der Anschaffung den
Arzt.
Die »Papageienkrankheit« (Psittakose, Ornithose)
tritt heute bei Nymphensittichen sehr selten auf
(→ Seite 44), aber sie kann bei Menschen und Nym-
phensittichen zum Teil lebensgefährliche Krankheits-
erscheinungen hervorrufen. Gehen Sie deshalb im
Zweifelsfall mit dem Nymphensittich zum Tierarzt
(→ Seite 42/44), suchen Sie bei Erkältungs- oder
Grippeerscheinungen unbedingt selbst den Arzt auf
und weisen diesen auf die Vogelhaltung hin.

Der rechte Nymphensittich ist schon satt, ▷
der linke läßt sich's noch schmecken.

Die Fotos auf dem Umschlag:
Umschlagvorderseite: Links ein naturfarbener Nymphensittich, rechts ein
gesäumter.
Umschlagseite 2: Naturfarbener Nymphensittich beim Fressen.
Umschlagrückseite: Gelber Nymphensittich kratzt sich am Köpfchen.

Die Fotografen:
Pfeffer: Seite 8, 9; Reinhard: Seite 45, 53;
Schweiger: Seite 56, 57; Wegner: Seite 48;
Skogstad: alle übrigen Bilder.

Die Deutsche Bibliothek – CIP-Einheitsauf-
nahme
Wolter, Annette:
Nymphensittiche richtig pflegen und verste-
hen: Experten-Rat für die artgerechte Hal-
tung/Annette Wolter. Farbfotos: Karin
Skogstad u.a. bekannte Tierfotografen.
Zeichn.: György Jankovics. – 5. Aufl. –
München: Gräfe u. Unzer, 1992
(GU-Tier-Ratgeber)
ISBN 3-7742-5907-0

5. Auflage 1992; inhaltlich unveränderte
Ausgabe der 4. Auflage
© 1990 Gräfe und Unzer GmbH, München
Alle Rechte vorbehalten. Nachdruck, auch
auszugsweise, sowie Verbreitung durch
Film, Funk und Fernsehen, durch fotome-
chanische Wiedergabe, Tonträger und
Datenverarbeitungssysteme jeder Art nur
mit schriftlicher Genehmigung des Verlages.

Redaktionsleitung: Hans Scherz
Redaktion: Renate Weinberger
Lektorat: Gabriele Linke-Grün
Herstellung: Helmut Giersberg
Umschlaggestaltung:
Heinz Kraxenberger
Satz: Hesz Satz Repro
Reproduktion: Wartelsteiner
Druck und Bindung: Stürtz AG

ISBN 3-7742-5907-0